Comment rencontrer l'âme sœur sur Internet

Les Éditions
Goélette inc.

Comment rencontrer l'âme sœur sur Internet

Idée originale
Éric Poulin et Marc-André Audet

Infographie
Geneviève Guertin

Dépôts légaux :
Bibliothèque nationale et archives du Québec
Bibliothèque nationale du Canada
Premier trimestre 2009

Gouvernement du Québec
Programme de crédit d'impôt pour l'édition de livres
Gestion Sodec

Imprimé au Canada

ISBN : 978-2-89638-433-4

AVANT-PROPOS :

Ce livre, écrit avec passion, se veut un guide simple et concis d'utilisation de la rencontre en ligne. Nos recherches, nos consultations avec des spécialistes du domaine et nos échanges avec des utilisateurs de toutes sortes nous ont permis de relever les trucs les plus efficaces pour avoir du succès sur un site de rencontres sur Internet.

À travers les pages de ce livre, nous parlerons des différents sites de rencontres, nous démystifierons la rencontre sur Internet, nous exprimerons vos préoccupations, nous traiterons des questions de sécurité et nous vous présenterons les stratégies gagnantes pour y avoir de l'impact.

Aussi, puisque l'homme et la femme se côtoient tout en vivant parfois sur des planètes différentes, nous avons décidé de vous transmettre, tout au long du livre, leur perception de leur expérience de rencontre dans le but, espérons-le, de rapprocher un peu plus ces deux solitudes.

Grâce à nos conseils et aux expériences de plusieurs internautes, vous aurez tout en main pour atteindre votre objectif : rencontrer l'amour de façon sécuritaire tout en vous amusant, puisque le plaisir doit faire partie intégrante de la rencontre !

QUELQUES MOTS SUR LES AUTEURS, QUI SE SONT EUX-MÊMES RENCONTRÉS PAR INTERNET

Nous écrivons ce livre parce que la vie est beaucoup plus agréable à deux. Grâce à la rencontre en ligne, nos chemins se sont croisés et nous vous souhaitons ce même bonheur. Avant de plonger dans cette lecture, **laissez vos préjugés de côté, soyez ouvert et vivez l'expérience à fond**. Faites comme 60 % des gens qui ont tenté leur chance sur Internet et qui ont trouvé ce qu'ils cherchaient : l'amitié, l'amour ou une simple aventure. Notre objectif est que vous puissiez dire avec fierté : « Moi aussi, j'ai rencontré sur Internet ! »

BONNE LECTURE ET BONNES RENCONTRES !

Shirley Byrns est détentrice d'une maîtrise en administration des affaires et travaille comme consultante en management. Dans son quotidien, elle se donne comme objectif d'accroître l'efficacité des organisations par une gestion plus optimale de leur capital humain alors que dans ses temps libres, elle se passionne pour les relations hommes-femmes.

Martin Aubut a été directeur du plus grand site de rencontres au Québec, Réseaucontact.com, et créateur du réseau social Espace Canoë, un site développé par et pour les Québécois. Il est maintenant vice-président de la division interactive de l'agence de publicité Palm Arnold. Martin est un passionné des comportements humains et ses travaux portent sur l'évolution des outils technologiques dans le but d'améliorer la vie des gens. Son objectif est de démocratiser la rencontre en ligne pour tous.

L'EXPÉRIENCE DES AUTEURS

Puisque l'homme et la femme ont une vision différente de la rencontre, nous vous livrerons plusieurs témoignages, sous forme de petites histoires, que nous commenterons en formulant des conseils sans prétention et toujours avec un brin d'humour. Avis à nos lecteurs et lectrices : ne lisez que la section qui vous est réservée. Débutons d'abord par notre aventure.

SECTION RÉSERVÉE AUX FEMMES !	SECTION RÉSERVÉE AUX HOMMES !
SHIRLEY DIT	**MARTIN DIT**

Lorsque j'ai décidé de m'inscrire à un site de rencontres, j'étais célibataire depuis six mois. Je souhaitais rencontrer l'amour, mais surtout faire connaissance avec de nouvelles personnes. Je voulais sortir de mon réseau habituel et je trouvais qu'Internet était la façon la plus rapide et la plus efficace pour y parvenir. Il faut dire que je suis entrepreneure, donc que j'ai un horaire chargé et peu de temps pour des sorties. Par contre, j'étais prête à mettre les efforts nécessaires pour avoir du succès. Mon objectif était simple : rencontrer des gens passionnés qui allaient m'ouvrir de nouveaux horizons.

J'ai choisi RéseauContact parce que le site m'avait été recommandé par plusieurs personnes. Dès la première journée, j'ai reçu une centaine de messages. À cet effet, la fiche et la photo ont un grand impact sur le nombre de messages reçus, que vous soyez un canon de beauté ou non. Je trouvais que c'était plutôt flatteur, mais d'un autre côté je ne pouvais pas passer mes soirées à répondre à des gens que je ne connaissais pas, même si aujourd'hui je sais à quel point cela

La première fois que je suis allé sur RéseauContact, j'avais 23 ans. Je m'installais à Montréal pour y travailler, j'avais envie de rencontrer de nouvelles personnes et de vivre des expériences intéressantes. Mon colocataire de l'époque roulait à fond sur le site, il rencontrait de belles filles et semblait vraiment s'amuser. J'ai donc décidé de créer ma fiche et de naviguer un peu sur RéseauContact, mais je n'y étais pas à l'aise, pas très ouvert, je n'y croyais pas et je ne crois pas que j'étais prêt à rencontrer.

C'est seulement trois ans plus tard, à 26 ans, que j'ai décidé de jouer le jeu, car pour moi RéseauContact était véritablement une partie de plaisir. Mon seul objectif : m'amuser et rencontrer des filles trippantes. Je n'avais pas de critères trop précis, j'étais un explorateur, un aventurier du réseau. Puisque le travail occupait une grande partie de ma vie, Internet était parfait : simple, rapide et efficace. J'avais ma routine quotidienne, trois fois par jour (matin, midi et soir) je faisais un tour sur le réseau et je transmettais des messages succincts aux filles. J'avais un taux de réponse d'environ 20 %.

SECTION RÉSERVÉE AUX FEMMES !

 **SHIRLEY DIT**

SECTION RÉSERVÉE AUX HOMMES !

 MARTIN DIT

peut être frustrant pour les hommes. J'avais donc quelques critères pour filtrer rapidement les candidats intéressants, ceux qui correspondaient à mon profil : l'homme devait habiter Montréal, être éduqué (baccalauréat ou plus), être beau selon mes goûts, en plus d'aimer les voyages et les activités sportives. En fait, je décidais d'écrire à ceux que je trouvais surtout drôles et rigolos ou à ceux qui savaient bien écrire et qui me charmaient avec leur plume. La personne devait avoir une fiche spéciale, sortir du lot par son humour, sa folie, sa joie de vivre.

J'ai rencontré cinq hommes : un metteur en scène (extrêmement intéressant et cultivé), un photographe (amusant et branché), un représentant commercial (drôle et attentionné), un avocat (professionnel séducteur de la femme) et un passionné fou furieux (lui, je l'ai gardé). Jamais je n'ai eu l'impression de perdre mon temps parce qu'avant de passer une soirée avec eux, j'avais échangé des courriels, deux-trois coups de téléphone et, chaque fois, j'étais touchée par un petit quelque chose. Évidemment, si déjà la «vibe»

Si vous pensez qu'en écrivant quelques messages par-ci par-là vous pouvez avoir du succès, détrompez-vous, il faut avoir une bonne fiche, se démarquer et être actif, surtout pour les gars ! Rapidement, s'il y avait un intérêt mutuel, j'invitais la fille à clavarder, puis je communiquais avec elle par téléphone (très important pour vous éviter des soirées qui peuvent devenir ennuyantes). Finalement, si l'intérêt était toujours présent, je proposais d'aller prendre un verre. Pendant trois ans, j'ai erré plus ou moins intensément sur le Réseau et j'y ai rencontré des filles incroyables, charmantes, intelligentes, mais jamais le grand amour. Puis, à l'aube de mes 30 ans, c'est-à-dire au moment où on est plus mature et qu'on a beaucoup d'expériences amoureuses en poche, sortant d'une relation avec une fille plus jeune que moi, j'ai décidé d'élargir mes horizons de recherche et je suis tombé sur une fille de deux ans mon aînée : Chely.

SECTION RÉSERVÉE AUX FEMMES!	SECTION RÉSERVÉE AUX HOMMES!
SHIRLEY DIT	**MARTIN DIT**

n'était pas présente au moment de la conversation téléphonique, je n'allais pas plus loin. J'écrivais un courriel (c'est plus facile qu'au téléphone) et je lui disais ne pas être intéressée.

Finalement, la dernière personne que j'ai rencontrée a été le fou furieux Martyboy.

chely (1677999)
Membre visiteur
Une femme
33 ans
Canada - Québec

Lorsque j'ai vu sa fiche, j'ai été charmé par son regard déterminé et son slogan : « Work hard, play hard. » Cette petite phrase résumait bien ma vie. Je lui ai envoyé un message préfabriqué (c'est moins engageant et plus rapide); elle m'a répondu qu'elle aimait bien mon profil (quand une fille vous répond, c'est que vos chances sont très bonnes, donc si vous ne faites pas d'erreur bête, tout devrait bien aller). Nous avons échangé quelques messages, mais c'était une période occupée au travail et je n'ai pas fait de suivi avec elle. Quelques mois plus tard, j'ai envoyé un courriel à ma liste de contacts

Martyboy007 (991760)
Membre visiteur
Un homme
30 ans
Canada - Québec

Dès que je l'ai vu, je suis tombée amoureuse. Le coup de foudre, l'impression que cette personne était mon âme sœur... Le chemin a été long avant qu'il décide de se lancer dans l'aventure, mais j'étais

persuadée que notre relation était possible, pas parce que j'étais naïve, mais parce qu'au fond de moi il y avait une petite voix qui me disait de persévérer. Je savais que je devais faire confiance à mon intuition. Puis, un jour, après quelques mois de fréquentation – je m'en souviens encore, j'étais dans ma voiture sur le pont Victoria –, il m'a dit : « Tu sais, j'aime ça être avec toi, et j'aimerais ça te voir encore plus souvent. » Trois ans déjà et cette relation ne cesse d'évoluer et de me faire grandir. Chaque jour, c'est un plaisir de nourrir cet amour.

Je conclus cette histoire en vous disant de vous écouter, d'écouter la petite voix qui s'appelle l'intuition et qui vous dit que c'est la bonne personne pour vous. Il aurait été facile d'abandonner et de passer à une autre fiche, mais je voulais continuer parce que j'y croyais.

Chely

pour partager une réussite professionnelle. Elle m'a répondu pour me féliciter. Je lui ai proposé d'aller prendre un verre sans jamais même lui avoir parlé au téléphone (ce que je ne vous conseille pas de faire, à moins que vous ayez un feeling très fort, comme celui que j'avais, mais attention, j'avais quand même couvert mes arrières en demandant d'autres photos). Nous avons passé la soirée au Baraka, sur Mont-Royal à nous raconter des histoires. Je l'ai trouvée charmante, mais je n'étais pas sûr. C'est vraiment lorsqu'elle a accepté mon invitation à faire du snowboard que j'ai craqué. Elle n'en avait jamais fait de sa vie, elle tombait, elle se relevait et elle riait. C'est à cet instant que j'ai eu le coup de foudre pour elle, je sentais qu'elle pouvait vraiment être une partenaire de vie, une personne avec qui partager des passions.

En prenant un peu de recul, les plus grands conseils que je peux vous donner sont les suivants : être ouvert, rester cool, ne pas faire de faute d'orthographe et prendre des notes sur vos interactions avec les demoiselles. Rappelez-vous que la perfection n'existe pas.

Martyboy

À DEUX, C'EST BIEN MIEUX !

Y a pas de mal à être seul ! Après tout, selon une étude Léger Marketing effectuée pour le compte de RéseauContact en 2008, 34 % des célibataires disent qu'ils ne sont actuellement pas à la recherche d'un partenaire. D'ailleurs, une autre étude de Léger Marketing abonde dans le même sens et indique que 65 % des Québécois, soit 71 % des femmes et 59 % des hommes, ne croient pas qu'il soit important d'être en couple pour réussir sa vie. Il semble que la femme d'aujourd'hui, indépendante financièrement et stimulée par son travail et sa vie sociale, clame haut et fort qu'elle n'a pas besoin d'un homme pour être épanouie. De l'autre côté, la gent masculine est à la recherche d'un certain équilibre entre l'homme rose, le macho, le métrosexuel et l'übersexuel pour plaire en vain à sa dulcinée. Pas facile de vivre heureux sur la même planète.

Quoi qu'il en soit, même s'il ne faut pas attendre d'être en couple pour se sentir heureux, il n'en demeure pas moins que la vie à deux peut être fort enrichissante. Que ce soit pour partager ses passions, discuter de la vie, confronter ses idées, partir à l'aventure, découvrir le monde, faire des activités amusantes ou parfois simplement se coller et s'aimer, rien ne vaut la présence d'un partenaire à ses côtés. Qui plus est, même si la finalité du couple n'est plus, comme à une certaine époque, de fonder une famille, encore faut-il un homme et une femme pour procréer. Et lorsqu'on est une femme célibataire et que l'horloge biologique nous fait coucou dans le ventre, on devient encore plus pressée de se caser. Finalement, quelle que soit notre raison de vouloir rencontrer quelqu'un, le plus important est le désir profond d'aimer un être qui nous complète et fait la différence dans notre vie. Heureusement, Internet peut vous aider à trouver cette personne.

POURQUOI NE PAS ESSAYER ?
PERSONNE NE LE DIT, MAIS TOUT LE MONDE Y EST !

Avec un bassin de célibataires de 2,2 millions au Québec seulement, le marché de la rencontre n'est certainement pas près de ralentir. Mais est-il plus difficile de faire des rencontres en 2008 qu'il y a 15 ou 20 ans ? Une chose est certaine, le contexte a profondément changé. En effet, le rythme de vie s'est accéléré, les gens étudient plus longtemps, travaillent de longues heures et sont en général plus méfiants les uns envers les autres. De plus, la technologie fait partie intégrante de notre réalité et change les habitudes de rencontre. De nos jours, les gens se servent d'Internet pour gérer tant leur vie personnelle que professionnelle. Alors quoi de plus naturel que d'y rechercher un partenaire de vie ?

Pour plusieurs, Internet offre un moyen accessible, économique et efficace de rencontrer. Il permet d'avoir accès à un bassin élargi de gens, c'est-à-dire qui dépasse les frontières de notre réseau habituel. D'ailleurs, l'économiste Mathieu Laberge s'est intéressé à la rencontre en ligne[1] et a démontré qu'il s'agit véritablement d'un marché composé d'hommes et de femmes qui agissent à la fois comme des « vendeurs » cherchant à promouvoir leur marchandise et des « acheteurs » souhaitant satisfaire un besoin. Selon ses calculs, il faudrait, pour avoir l'occasion de rencontrer autant de partenaires potentiels qu'en étant actif sur un site de rencontres comme RéseauContact, qu'un célibataire fréquente des lieux publics susceptibles de réunir plus de 2 783 personnes quotidiennement, pendant 31 jours consécutifs. Ainsi, dans le confort de la maison, on entre véritablement dans une ville virtuelle où on peut échanger avec des gens de tous les âges, de tous les styles et qui partagent des intérêts similaires aux nôtres.

Toujours selon l'étude de Mathieu Laberge, on note qu'il y a plus d'hommes (53 %) que de femmes (47 %) à la recherche de l'âme sœur sur un site comme RéseauContact. D'autres recherches confirment qu'il y a effectivement plus d'hommes que de femmes sur les sites de rencontres. De plus, les hommes ayant une situation financière « aisée »

[1] Mathieu Laberge, 2008. « Existe-t-il un marché des relations amoureuses ? ». En ligne. 4 pages. http://www.iedm.org/uploaded/pdf/fev08_fr.pdf. Consulté le 10 décembre 2008.

sont proportionnellement plus nombreux (37 %) que les femmes (16 %) et, dans tous les cas, les gens sont plus instruits que la moyenne de la population (les deux tiers des hommes et 70 % des femmes ayant affirmé avoir obtenu un diplôme collégial ou universitaire). On expliquerait la surreprésentation des gens aisés et éduqués par le fait que ceux-ci ont moins de temps pour rencontrer et sont donc plus attirés par ces outils technologiques.

QUOI QU'IL EN SOIT, LA RENCONTRE PAR INTERNET RÉPOND AUX BESOINS DE DIFFÉRENTS TYPES DE CLIENTÈLE :

- **les jeunes professionnels occupés qui flirtent le soir avant de se coucher;**
- **les gens de tout âge qui désirent échanger et rencontrer de nouvelles personnes;**
- **les baby-boomers actifs qui cherchent des partenaires de vie avec qui faire des activités;**
- **les hommes ou les femmes monoparentales qui peuvent surfer sur le Web lorsque les enfants sont au lit.**

Selon une étude Léger Marketing[2] , 22 % des Québécois disent utiliser Internet pour faire des rencontres amoureuses. Les méthodes de rencontre les plus populaires demeurent toutefois celles qui se font par l'intermédiaire de la famille ou des amis (52 %), dans les bars (40 %) ou au travail (32 %). Toujours selon l'étude de Léger Marketing, 24 % des hommes croient que la rencontre est plus facile aujourd'hui qu'il y a cinq ans alors que ce pourcentage est de 14 % chez les femmes.

Même si environ **un Québécois sur deux** pense que la rencontre en ligne est une façon comme une autre de rencontrer l'âme sœur, il n'en demeure pas moins que plusieurs préjugés persistent. En effet, 63 % des gens se disent préoccupés par la sécurité liée à la rencontre par Internet

---

[2] Sondage Léger Marketing effectué auprès de 621 résidents québécois âgés de 18 ans et plus (célibataire n=301 et en couple n=320), marge d'erreurs de 3,9 % 19 fois sur 20. La collecte des données s'est fait du 14 janvier 2007 au 17 janvier 2008.

et 39 % pensent qu'il faut être désespéré pour fréquenter ce type de sites. À cela s'ajoutent des centaines de commentaires que nous avons recueillis de femmes et d'hommes qui nous ont mentionné le manque de romantisme lié à la rencontre en ligne et nous ont dit avoir l'impression que les gens mentent sur Internet et ne sont pas sérieux.

Il faut comprendre que les motivations d'un individu à fréquenter un site de rencontres sont sensiblement les mêmes que celles qui le poussent à accepter une sortie ou une invitation dans un bar, c'est-à-dire[3] :

1- **trouver quelqu'un qu'on aimerait rencontrer (78 %);**

2- **trouver quelqu'un avec qui on aurait une relation à long terme (58 %);**

3- **trouver quelqu'un dans l'objectif d'avoir une relation sexuelle (43 %);**

4- **par curiosité ou par simple plaisir, sans jamais avoir l'intention de rencontrer réellement les gens (41 %);**

5- **pour trouver un potentiel partenaire de vie avec lequel se marier (36 %);**

6- **pour un flirt innocent sur Internet et rien d'autre (33 %).**

Bien sûr, le niveau de motivation n'est pas le même pour tous : certains ont l'objectif de rencontrer véritablement l'âme sœur alors que d'autres voient les sites de rencontre comme un loisir axé sur le ludisme, le plaisir, l'aventure et le sexe. Il est donc important de bien distinguer les gens sérieux et ceux qui cherchent davantage à s'amuser.

De plus, même si les motivations relationnelles sont prédominantes dans la rencontre en ligne, les gens cherchent en général à maintenir une estime de soi élevée. Ce concept est appelé *egocasting* et fait référence aux comportements permettant de répondre à des désirs uniques et

---

[3] « Love Online: A report on digital dating in Canada », Brym, R. J., Lenton, Rhonda L. (2001). Love Online: A Report on Digital Dating in Canada. MSN.CA. Toronto, Department of sociology, University of Toronto and Department of sociology, McMaster University: 55 pages.

personnels sur Internet. Plus précisément, l'*egocasting* désigne « d'une part la possibilité via la technologie de faire venir le monde à soi, où que l'on soit, à n'importe quel moment, et d'autre part la possibilité de faire plier le monde à nos exigences personnelles » (Ipsos Insight, 2005). En général, l'*egocasting* d'une personne sera proportionnelle à sa popularité sur le site de rencontres. Plus les gens auront un taux de réponse élevé, plus leur perception d'eux-mêmes sera positive et plus ils auront une confiance en leur pouvoir d'attraction, alors qu'en contrepartie si leur niveau de popularité est faible, ils auront tendance à se convaincre que la rencontre en ligne n'est pas efficace, ne donne pas de bons résultats et à trouver des raisons extérieures pour expliquer leur manque de succès.

Est-ce que les gens sont plus menteurs sur Internet ? Selon Danielle Parent, conférencière et formatrice, tous ceux et celles qui fréquentent un site de rencontres mentent à divers degrés. En fait, même si la présence d'une photo semble encourager la véracité des informations du profil, il est vrai qu'Internet offre la liberté aux individus de se métamorphoser, de s'inventer une vie, de se créer un monde, puisqu'ils peuvent y décider quand et comment ils dévoileront certains aspects d'eux-mêmes. À cet effet, les gens auront tendance à transmettre une meilleure image d'eux-mêmes sur Internet. Ainsi, si la personne a l'intention d'arrêter de fumer, il est possible qu'elle indique qu'elle est non-fumeuse; si elle désire faire plus de sport, elle pourra s'afficher comme une grande sportive. D'autres encore souhaiteront se présenter sous leur meilleur jour en choisissant d'afficher une photo qui date de quelques années. Sachant cela, il ne s'agit pas d'être méfiant, mais il faut tout de même valider certaines informations avant de poursuivre une conversation.

LES SITES DE RENCONTRES SONT-ILS SÉCURITAIRES ? UNE QUESTION D'ATTITUDE…

L'une des questions les plus souvent posées par les gens que nous rencontrons a trait à la sécurité des sites et au sérieux de la démarche. Les gens ont souvent peur de faire les premiers pas sur un site de rencontres parce qu'ils ont plusieurs craintes : se faire berner, rencontrer des maniaques, se faire harceler ou encore se faire voler leur identité. Cette réaction est tout à fait légitime et normale lorsqu'on fait face à une situation inconnue. Dans un premier temps, l'attitude que vous adoptez est très importante. Vous devez avoir les mêmes comportements sécuritaires sur Internet que dans la vie de tous les jours. Par exemple, lorsque vous êtes dans un bar ou un lieu réel de rencontre, vous observez, posez des questions, validez les dires de l'autre, et si vous vous sentez en danger, vous avisez le portier. Sur Internet, nous conseillons la même chose : faites des recherches sur Google, demandez des photos additionnelles, discutez au téléphone avant de rencontrer l'autre, avisez un proche lorsque vous avez une rencontre planifiée avec un internaute. Tous ces gestes sont importants et diminuent les risques.

En fait, la question de sécurité est une préoccupation pour tous les propriétaires de sites de rencontres et de réseaux sociaux qui ont à cœur le bien-être de leur clientèle. Avec les années, plusieurs processus ont été mis en place pour accroître la sécurité. Du côté de reseaucontact.com, la direction du site a déployé des outils, des processus et des mécaniques permettant l'identification de cas problèmes. Les principes de base reposent sur la participation de la communauté (le site existe pour et par elle) et la mise en place d'un cadre de gestion représenté par les conditions d'utilisation et la net-étiquette qui régissent les comportements sur le site tout comme les lois et les règles de savoir-vivre dictent la conduite des gens dans une société !

Par exemple, les utilisateurs de RéseauContact peuvent en tout temps signaler au service à la clientèle les membres ou les contenus douteux, les mauvaises rencontres ou les comportements jugés inadéquats. De plus, un groupe d'utilisateurs, appelés « opérateurs », possède tous les outils pour signaler un problème au service à la clientèle, bannir un membre du site ou rejeter un trouble-fête d'un forum de discussion.

Finalement, assurez-vous que le site de rencontres que vous fréquentez valide les fiches avant de les mettre en ligne. Ce système a pour but d'effectuer un certain contrôle de la photo et du contenu. À noter que les personnes responsables de cette tâche ont l'œil vif et savent reconnaître une photo ou un contenu inadéquats.

En conclusion, les sites de rencontres sont sécuritaires, mais le mot d'ordre est de demeurer vigilant comme dans la vie réelle.

 SECTION RÉSERVÉE AUX FEMMES !	SECTION RÉSERVÉE AUX HOMMES !

♀ ELLE DIT — **♂ IL DIT**

PETITE TRANCHE DE VIE AU FÉMININ

Il y a trois ans, j'ai rencontré mon mari par Internet. À l'époque, j'étais gênée de le dire à mon entourage, car je ne trouvais pas cela romantique. J'aurais préféré rencontrer mon homme dans une soirée, au travail ou ailleurs. Internet, je trouvais cela plutôt froid, mais aujourd'hui, lorsque je réalise à quel point c'est devenu un endroit comme un autre pour y faire des rencontres, je trouve mon histoire plutôt banale !

Pascale

SHIRLEY RÉPOND :

Plus de 22 % des gens utilisent Internet pour rencontrer, et avec la nouvelle génération née une console de jeu dans une main et un clavier dans l'autre, ce nombre devrait augmenter rapidement.

PETITE TRANCHE DE VIE AU FÉMININ

J'hésite à utiliser Internet comme moyen de rencontre. Il me semble que ce n'est pas sécuritaire, je n'ai pas envie de me retrouver avec un fou ou un malade.

Sylvie

PETITE TRANCHE DE VIE AU MASCULIN

Être inscrit à un site de rencontres ne signifie pas que je vais rencontrer quelqu'un par Internet, mais ça ouvre des portes, ça donne accès à des milliers de gens rapidement, des personnes que je n'aurais sûrement pas rencontrées autrement.

Jean-René B.

MARTIN RÉPOND :

En général, les hommes auront tendance à être un peu plus pragmatiques et pratiques que les femmes en ce qui concerne les moyens de rencontre. Le coup de foudre est intéressant, mais il n'est pas une fin en soi. J'apprécie l'attitude de Jean-René qui fait preuve d'ouverture et de positivisme, ce qui est très important pour vivre pleinement l'expérience.

PETITE TRANCHE DE VIE AU MASCULIN

Je suis marié depuis 20 ans avec une femme que j'aime, mais j'aurais envie de m'inscrire à un site de rencontres simplement pour faire de nouvelles connaissances, pour pouvoir jeter un coup d'œil au profil

SECTION RÉSERVÉE AUX FEMMES!	SECTION RÉSERVÉE AUX HOMMES!
 **ELLE DIT**	**IL DIT**

SHIRLEY RÉPOND :

Internet est un lieu de rencontre comme un autre. Il est important d'agir avec la même prudence que dans la vie de tous les jours. Ainsi, avant de rencontrer un homme, il faut avoir vu une ou plusieurs photos de lui, avoir échangé quelques courriels et lui avoir parlé au téléphone. Ensuite, la première rencontre devrait toujours avoir lieu dans un endroit public. Il est prudent d'aviser une personne de votre entourage avant de vous rendre à cet endroit. En principe, si vous avez un comportement sécuritaire, il ne devrait pas y avoir de mauvaises surprises. Finalement, les sites de rencontre sérieux offrent un service de modération et de signalement des membres qui ont un comportement incorrect.

des femmes. J'hésite cependant, car j'ai l'impression que ce n'est pas honnête d'agir ainsi.

André

MARTIN RÉPOND :

*Votre situation me rappelle l'expression : «Ce n'est pas parce qu'on est en couple qu'on ne peut plus regarder le menu.» J'adapterais ce bon vieux dicton comme suit : «Ce n'est pas parce qu'on est en couple qu'on ne peut pas regarder le menu **pour s'ouvrir l'appétit.**» Voici ce que je vous conseille : vous pouvez ouvrir un compte anonyme pour regarder ce qui se passe et fermer le compte par la suite. Si vous n'êtes pas rassasié et que vous avez continuellement de l'appétit pour les autres femmes alors il faudrait peut-être vous interroger sur l'état de votre couple et avoir une bonne discussion avec votre femme. Si la situation est plus complexe, je vous conseille de consulter un spécialiste.*

19

SITES DE RENCONTRES : VOUS AVEZ L'EMBARRAS DU CHOIX !

On distingue trois types de sites destinés à faciliter les rencontres entre les individus par Internet. Les gens utilisent d'ailleurs plus d'un type de sites à la fois; en moyenne, ils auront un profil actif sur environ trois sites.

1- Le premier type de sites offre de faire soi-même les recherches, le tri et le contact avec les membres. Pour faire partie de ces sites, on doit devenir membre. L'admission peut être gratuite, mais le fait de payer vous permet de transmettre des messages personnalisés, d'avoir accès à la vidéorencontre, aux forums de discussion et à des options avancées comme «Qui a vu ma fiche ?». Si vous ne possédez pas un abonnement payant, alors vous devrez transmettre à vos conquêtes des messages préfabriqués. Certains sites ont également enrichi leur offre en permettant à leurs membres de créer un portrait vidéo ou vocal. Dans cette catégorie, on retrouve des sites comme :
RéseauContact (www.reseaucontacts.com);
Netclub (www.netclub.ca);
Québec Rencontre (www.quebecrencontre.com);
Lavalife (www.lavalife.com);
Meetic (www.meetic.com);
et PlentyofFish (www.plentyoffish.com).
À noter qu'au Québec, RéseauContact est le site de rencontres le plus populaire avec 1 226 000 membres, dont 100 000 membres actifs.

2- Le deuxième type de sites ressemble davantage au concept plus traditionnel d'agences de rencontres. En effet, ces sites proposent des candidats à l'abonné en fonction de tests de personnalité auxquels il s'est prêté. Dans cette catégorie, on retrouve des sites américains comme :
eHarmony (www.eHarmony.com);
True(www.true.com);
et Chemistry (www.chemistry.com).

Ces entreprises attirent des membres en leur présentant le caractère unique de leur système qui permet de déterminer avec acuité la compatibilité entre les individus. Ces sites attirent habituellement des gens plus âgés et plus sérieux dans leur démarche.

3- Finalement, le troisième type de sites est représenté par les sites de réseaux sociaux qui sont de plus en plus populaires tels que :
Facebook (www.facebook.com);
MySpace (www.myspace.com);
Espace Canoë (www.espacecanoe.com);
et MonLip.com (www.monlip.com).
Ces sites se donnent pour mission de mettre les gens en interrelation en fonction de leurs passions et de leurs domaines d'intérêts. En partant du principe que les amis de mes amis risquent fort bien de devenir mes amis, ces sites représentent des bassins de rencontres intéressants. Par ailleurs, le but de ces sites est moins la rencontre amoureuse que le partage d'information, de photos, de vidéos et de blogues. Cependant, il est possible d'y indiquer ce que l'on recherche : amour, rencontres, amitié, etc.

La façon d'afficher son identité pourra être différente d'un type de site à l'autre. Par exemple, on ne s'affichera pas nécessairement de la même façon sur RéseauContact et sur Facebook. Sur les sites de réseaux sociaux, on mettra moins d'emphase sur la notion de célibat et davantage sur ses passions et ses hobbys alors que sur un site de rencontres, on peut doser l'information qu'on a envie de dévoiler. Le message est alors clair : je cherche à rencontrer.

Il existe également des sites qui s'adressent à une clientèle plus ciblée, par exemple :
les sportifs (www.ActionPassion.com, www.Rencontresportive.com);
les agriculteurs (www.agrirencontre.com);
les personnes plus âgées (www.Amicalien.com);
les professionnels (www.le5a7.ca);
les jeunes (www.monclasseur.com et www.doyoulookgood.com);

ou encore en fonction de la région géographique (www.outaouaisweb.com). Comment faire le meilleur choix ? La popularité du site et le profil des membres devraient influencer votre décision. Le calcul est assez simple : plus il y a de gens de qualité sur le site, plus vous augmentez vos chances de rencontre; plus ces personnes partagent vos intérêts et vos passions, plus vous augmentez vos chances de rencontrer la bonne personne.

COMMENT FONCTIONNE UN SITE DE RENCONTRES ?

Le cœur du système d'un site de rencontres repose sur deux composantes de base : le profil et la recherche.

Outre la fiche d'information de base, la plupart des sites proposent différentes options pour complémenter votre profil, par exemple l'ajout d'albums photo, de vidéos ou d'un enregistrement de la voix.

Ensuite, le système utilise les informations du profil pour mettre en relation les gens en fonction des critères de recherche. D'où l'importance d'un profil de qualité et complet. En effet, plus vous fournissez d'information, plus le moteur de recherche sera en mesure d'associer votre profil aux demandes de l'utilisateur et de l'afficher dans les résultats de recherche. Plus vous ressortez dans les résultats de recherche, plus vous augmentez vos chances de faire des rencontres. La puissance et la performance du moteur de recherche sont essentielles pour servir adéquatement la clientèle, sachant par exemple qu'un site comme RéseauContact accueille 100 000 membres actifs avec des pointes le matin vers 8 h 30, après le lunch et le soir vers 18 h.

En plus du moteur de recherche et du profil, les sites offrent d'autres moyens de communication pour simplifier le premier contact.

REGARDONS CHACUN D'ENTRE EUX.

L'outil **brise-glace** permet l'envoi d'un sourire ou d'un flirt. Il s'agit d'un moyen intéressant pour attirer l'attention vers votre fiche, mais ce n'est pas la meilleure façon de se démarquer lorsque l'on sait que les femmes reçoivent énormément de messages.

La **messagerie instantanée** permet d'amorcer une conversation avec un membre qui est **en ligne**. Ce moyen est très efficace pour le premier contact, mais encore faut-il faire attention à notre communication et aux fautes d'orthographe. De plus, les femmes ne répondent pas toujours aux messages instantanés, car plusieurs préfèrent se concentrer sur les messages reçus dans leur boîte postale virtuelle.

La **messagerie courriel** est certainement l'outil le plus utilisé et le plus efficace. Les utilisateurs peuvent transmettre des messages et en conserver l'historique, ce qui est souvent nécessaire pour se rappeler les derniers échanges avec une personne.

Le « **chat** », ou **clavardage**, est le précurseur des sites de rencontres. Les plus anciens utilisateurs d'Internet se rappelleront le fameux chat IRC. Cet outil répond bien au besoin de communication de groupe en temps réel.

La **vidéorencontre** permet de communiquer en direct « image et voix » avec d'autres membres. Il s'agit d'un outil très pratique avant de prendre la décision de rencontrer une personne en face à face. La vidéorencontre est aussi utilisée comme outil de speed dating et de communication de groupe. Ce type d'application offre une expérience de rencontre très riche et sera de plus en plus populaire au cours des prochaines années.

Le **forum** est un outil très simple pour échanger sur des sujets précis avec un groupe de personnes qui partagent les mêmes intérêts que vous. Il s'agit d'un bon médium pour cibler des gens qui ont les mêmes passions que vous et ensuite leur transmettre un message. Cet outil est aussi très utilisé par les propriétaires de site afin de récolter et d'analyser les besoins de leurs membres.

Certains sites offrent également un babillard pour publiciser des **événements** organisés par les membres. Il y en a pour tous les goûts, de la marche en montagne au rassemblement de passionnés de motocyclettes. Ces activités sont fort intéressantes pour passer du monde virtuel au monde réel sans l'épreuve de la rencontre à deux.

D'autres sites, par exemple www.monclasseur.com, permettent aux usagers de donner une cote à une photo afin d'identifier le genre de personnes qui nous plaît. Éventuellement, le site pourra même pousser de façon automatique des profils qui correspondent à ce que l'on recherche.

Selon le site que vous choisirez, vous trouverez parfois d'autres fonctionnalités telles que la **gestion des favoris**, qui simplifie les suivis et la relation avec les membres qui vous plaisent. La fonction « **qui a vu ma fiche** » permet en un seul coup d'œil de voir qui s'est intéressé à votre profil. L'option « **classement prioritaire** » permet aux membres qui payent un abonnement de sortir en priorité lors de l'affichage des résultats de recherche, ce qui augmente de beaucoup les chances de rencontre.

Le futur apportera son lot de nouveautés, et même si les technologies sont là pour aider l'être humain, la réussite est entre vos mains. Soyez confiant, laissez vos préjugés de côté, vivez l'expérience à fond et n'oubliez pas que la perfection n'existe pas.

LA RENCONTRE EN LIGNE ÉTAPE PAR ÉTAPE

Maintenant que vous avez choisi votre site et que vous en comprenez bien son fonctionnement, voici les cinq grandes étapes de votre trajet de rencontre :

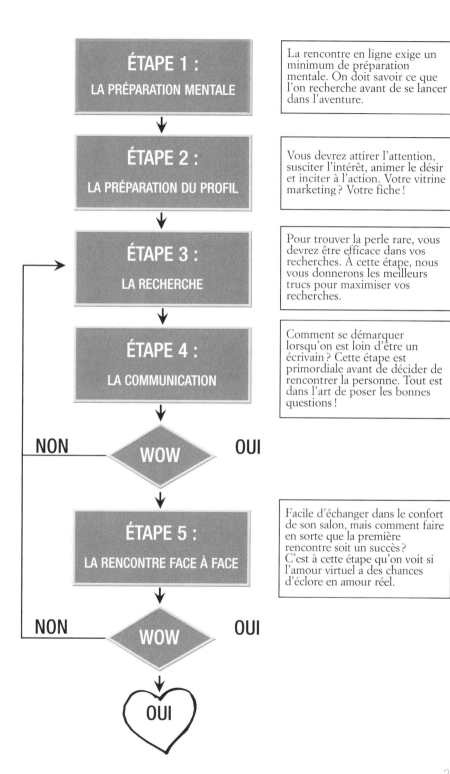

ÉTAPE 1 :
LA PRÉPARATION MENTALE

La rencontre en ligne exige un minimum de préparation mentale. On doit savoir ce que l'on recherche avant de se lancer dans l'aventure.

ÉTAPE 2 :
LA PRÉPARATION DU PROFIL

Vous devrez attirer l'attention, susciter l'intérêt, animer le désir et inciter à l'action. Votre vitrine marketing ? Votre fiche !

ÉTAPE 3 :
LA RECHERCHE

Pour trouver la perle rare, vous devrez être efficace dans vos recherches. À cette étape, nous vous donnerons les meilleurs trucs pour maximiser vos recherches.

ÉTAPE 4 :
LA COMMUNICATION

Comment se démarquer lorsqu'on est loin d'être un écrivain ? Cette étape est primordiale avant de décider de rencontrer la personne. Tout est dans l'art de poser les bonnes questions !

NON — WOW — OUI

ÉTAPE 5 :
LA RENCONTRE FACE À FACE

Facile d'échanger dans le confort de son salon, mais comment faire en sorte que la première rencontre soit un succès ? C'est à cette étape qu'on voit si l'amour virtuel a des chances d'éclore en amour réel.

NON — WOW — OUI

OUI

ÉTAPE 1 : LA PRÉPARATION MENTALE

Avant même de bâtir votre fiche, il est important de bien cerner vos besoins, de savoir ce que vous recherchez sur un site de rencontres par Internet. Si ce que vous désirez n'est pas clair, alors vous n'attirerez pas les bonnes personnes. Votre temps est précieux et vous devez l'investir efficacement mais avant tout vous devez déterminer ce que vous recherchez et être en mesure de l'exprimer clairement. Prenez un bout de papier et répondez à ces quelques questions.

QUELLES SONT MES VALEURS ?

Les valeurs telles le respect, la fidélité, l'amour, l'amitié et la famille sont-elles importantes pour vous ? Il est essentiel de répondre à cette question, car il ne servirait à rien de maintenir une relation avec une personne qui ne partage pas les mêmes valeurs que vous. Par exemple, si la famille est une valeur fondamentale et que vous rencontrez une personne qui y accorde peu d'importance, alors vous serez rapidement insatisfait de votre relation. Quelle place accordez-vous à l'amitié. S'il s'agit d'une valeur importante pour vous, alors faites-le savoir aux gens que vous rencontrez et soyez en mesure d'expliquer comment celle-ci se vit dans votre quotidien.

QUEL EST MON STYLE DE VIE ?

Vous avez un style urbain ? Vous êtes heureux entouré d'amis ? Vous fréquentez les cafés branchés et les discos les plus «hot» de la ville ? Assumez-vous et ne faites pas semblant qu'une personne de type «grano» dont le plus grand rêve est d'habiter sur une ferme pourrait vous rendre heureux. Il y a toujours des histoires d'amour impossibles qui connaissent du succès, mais les chances sont minces, alors canalisez vos énergies. D'ailleurs, certaines études démontrent qu'en amour la similarité (qui se ressemble s'assemble) donnerait de meilleurs résultats que la différence (les contraires s'attirent).

QUELLES SONT LES QUALITÉS AUXQUELLES J'ACCORDE UNE GRANDE IMPORTANCE ?

On ne peut pas s'attendre à ce que l'autre soit parfait, mais on peut tout de même cibler des qualités qui sont importantes pour nous. Imaginez que vous soyez perdu sur une île déserte. Quel est le genre de personnes avec qui vous aimeriez être ? Dites-vous que la vie à deux est un long voyage et qu'il est préférable de le passer avec un être qui nous complète bien et avec qui on partage des intérêts.

QUELS SONT LES TROIS PIRES DÉFAUTS QU'ON PEUT AVOIR ?

Puisque la perfection n'existe pas, tout le monde à ses petits défauts, mais chacun sait ce qui le dérange vraiment, ce qui le rend complètement fou et hors de lui-même. L'autre est-il séraphin, colérique, boudeur ? Il est important de définir chacun de ces comportements en donnant des exemples précis de ce qui nous énerve pour être en mesure de prendre la meilleure décision lorsqu'on rencontre une personne : je m'arrête ou je continue ?

Grâce à cette première étape, vous devriez être en mesure de visualiser le type de personne avec qui vous aimeriez développer une relation. Si vous arrivez à projeter dans votre esprit cette personne, alors il sera plus facile de l'attirer.

SECTION RÉSERVÉE AUX FEMMES !

ELLE DIT

SECTION RÉSERVÉE AUX HOMMES !

IL DIT

PETITE TRANCHE DE VIE AU FÉMININ

Lorsque je suis allée sur Internet, je terminais une relation difficile. Je me disais que c'était une bonne occasion de rencontrer de nouvelles personnes. Dès les premiers jours, j'ai reçu plein de messages et j'ai été mis en relation avec plusieurs hommes, mais je me suis rapidement sentie lasse et triste.

Melsoleil

SHIRLEY RÉPOND :

Attention ! Si vous n'êtes pas prête à rencontrer, Internet sera un grugeur d'énergie. Vous aurez l'impression d'y perdre votre temps. Ce sera comme être dans un grand centre commercial alors que vous n'avez aucune envie de magasiner.

PETITE TRANCHE DE VIE AU FÉMININ

La fiche est notre reflet. Être capable d'être honnête avec soi-même, rester vrai, garder une certaine naïveté et laisser entrevoir à l'autre que l'on possède ce petit quelque chose qui fera toute la différence dans sa vie.

Jessyhot

PETITE TRANCHE DE VIE AU MASCULIN

Je suis gêné. Aborder une fille est pour moi difficile, je manque de confiance, j'ai peur du rejet. Sortir dans les bars, c'est un véritable cauchemar. Sur les sites de rencontres, le contact est plus facile. Il me semble que devant mon écran d'ordinateur, je suis un super héros.

Marco

MARTIN RÉPOND :

J'entends souvent ce type de commentaires lorsque je rencontre des utilisateurs de RéseauContact. Il ne faut simplement pas oublier que vous devrez tôt ou tard rencontrer la personne face à face. Alors, foncez même si vous pouvez vous faire rejeter. Ne vaut-il pas mieux essayer ! Let's go, les gars, enfilez votre costume de superhéros pour votre première rencontre réelle, ça risque de faire tout un effet !

PETITE TRANCHE DE VIE AU MASCULIN

Se plaire à soi, avoir une vie personnelle enrichissante et être réaliste dans s-a recherche sont les bons outils pour attirer la bonne personne. J'étais bien avec moi-même avant même de rencontrer la femme de ma vie.

Max

SECTION RÉSERVÉE AUX FEMMES !

 **ELLE DIT**

SECTION RÉSERVÉE AUX HOMMES !

 IL DIT

SHIRLEY RÉPOND :

Parfaitement d'accord, soyez le plus authentique possible et ne perdez pas de temps à rencontrer une personne si d'entrée de jeu une petite voix vous dit que ce n'est pas la bonne personne pour vous.

MARTIN RÉPOND :

En effet, la confiance en soi et l'estime de soi sont la base pour avoir un maximum de plaisir dans tout ce que l'on entreprend. Tôt ou tard, vous devrez sortir de votre vie virtuelle pour vivre pleinement la vie réelle.

FACTEURS CLÉS DE SUCCÈS POUR RÉUSSIR SUR INTERNET

Que ce soit dans le monde réel ou virtuel, ce qui est le plus important pour rencontrer quelqu'un est d'avoir le désir de s'engager et y consacrer le temps nécessaire.

1- **L'ENGAGEMENT** : désirez-vous ou non rencontrer et vous investir dans une relation ? Si vous êtes absorbé par votre travail ou que vous terminez une relation, vous n'êtes peut-être tout simplement pas prêt à ce moment ci de votre vie à vous engager avec une personne. Dans ce contexte, il est fort possible que vous ayez la perception de perdre votre temps sur un réseau de rencontres. Le désir de rencontre est un facteur clé du succès de la démarche. Mais allez-y à votre rythme; vous pouvez commencer tranquillement en naviguant sur le réseau de rencontres et en participant à des activités organisées par les membres du site.

2- **LE TEMPS** : trouver l'amour prend du temps. Si vous n'êtes pas prêt à y mettre des efforts et de l'énergie, alors cette démarche ne donnera peut-être pas les résultats escomptés. Même si la rencontre sur Internet se fait dans le confort de notre maison, elle suppose tout de même un travail quotidien. Si vous ne répondez pas à vos messages, il est évident que vous perdrez des occasions intéressantes et que le risque de passer à côté de l'amour sera grand. Voyez la recherche d'un partenaire de vie comme un passe-temps ou comme un moment agréable pour rencontrer de nouvelles personnes. Soyez patient; en moyenne, il faut rencontrer dix personnes en face à face avant de trouver une personne avec qui on envisagerait de faire sa vie dans le monde réel alors installez-vous confortablement et amusez-vous à naviguer dans les eaux de la rencontre, à lire les fiches, à prendre des notes sur ce que vous aimez ou ce que vous n'aimez pas.

Maintenant que vous bien ciblé vos attentes, vous êtes sûrement très curieux de savoir ce que vous réserve Internet. En général, on remarque des comportements hommes-femmes quelque peu différents sur Internet. En effet, les femmes seront souvent plus entreprenantes et les hommes plus ouverts au partage de leurs émotions, mais il n'en demeure pas moins que les stéréotypes sexuels sont les mêmes que dans le monde réel où l'homme est un « chasseur » et la femme est celle qui se fait « chasser ».

Vous constaterez également que les gens ont tendance à se confier plus facilement dans le monde cybernétique, comme si l'écran d'ordinateur supprimait la timidité et les inhibitions. En fait, les cyberrelations deviennent rapidement intimes et intenses en raison du grand dévoilement de soi. La rencontre face à face devient alors essentielle afin d'évaluer avec précision dans quelle mesure les informations sont similaires et conformes à l'idée virtuelle qu'on a pu s'en faire. Dans une certaine mesure, les émotions développées au fil des échanges représentent une base intéressante au développement de la relation amoureuse, mais ce n'est qu'en rencontrant la personne qu'on peut véritablement décider de s'engager avec elle.

SECTION RÉSERVÉE AUX FEMMES !

 ELLE DIT

PETITE TRANCHE DE VIE AU FÉMININ

On se nourrit de fantasmes en observant l'objet de nos désirs, rien qu'en regardant sa photo on s'imagine être celle qui changera son univers. Puis, on rencontre la personne et il y a toujours un décalage entre la représentation qu'on s'est faite de cette dernière et la réalité. On finit par être déçue et on saisit le premier prétexte pour l'expulser de notre vie.

Alexia

SHIRLEY RÉPOND :

Parfois, je me dis que le gène du prince charmant fait partie du code génétique des femmes, comme si dès la naissance on espérait rencontrer celui qui nous séduira comme dans les plus beaux contes de fées. Malheureusement, il ne faut pas trop rêver sur Internet, car tant qu'on n'a pas rencontré la personne en face à face, absolument rien n'est gagné même si le beau monsieur nous fait frémir simplement par ses mots doux et que nous regardons sa photo toutes les cinq secondes. Si une personne vous intéresse après quelques échanges, alors vite passez à l'étape de la rencontre.

SECTION RÉSERVÉE AUX HOMMES !

 IL DIT

PETITE TRANCHE DE VIE AU MASCULIN

Je ne me fais pas d'attentes avant de rencontrer la personne. L'Internet, ce sont les préliminaires; c'est amusant, mais jamais autant que l'acte comme tel.

JF2008

MARTIN RÉPOND :

Les attentes des hommes sont souvent moins complexes que celles d'une femme. Les hommes commencent souvent leur aventure comme un jeu. Dans leur tête, la rencontre ressemble à une partie de chasse.

ÉTAPE 2 : LA PRÉPARATION DU PROFIL

La première étape à franchir sur Internet est l'élaboration de votre fiche. Celle-ci est votre vitrine Internet et donc un ingrédient important de votre succès. Chaque site de rencontres vous permet de vous décrire en quelques lignes et offre un éventail de catégories qui facilitera votre repérage au moment de la recherche.

La préparation du profil est l'étape la plus importante du processus. Voici un concept utilisé en publicité qui peut vous inspirer. A.I.D.A. : attirer l'Attention – susciter l'Intérêt – provoquer le Désir – inciter à l'Action.

1- Attirer l'attention

Les publicitaires utilisent un stimulus fort pour attirer l'attention, vous devez faire de même en choisissant une photo qui attirera les regards. Si vous ratez votre coup, vous ne passerez pas à la prochaine étape.

2- Susciter l'intérêt

Votre slogan et votre texte de présentation susciteront l'intérêt et donneront le goût aux gens de poursuivre leur lecture et même de communiquer avec vous.

3- Provoquer le désir

Votre texte doit mettre en valeur votre offre, votre promesse et les bénéfices que vous saurez apporter à un partenaire potentiel. Les publicitaires utilisent les bénéfices du produit pour provoquer le désir; vous pouvez opter pour des termes invitants comme l'aventure, le voyage ou l'intensité. Vous pouvez aussi faire ressortir des mots clés qui sauront toucher le genre de personnes que vous recherchez. Par exemple, SURF, VOYAGES et CUISINE. De plus, ces mots permettront à votre fiche d'être répertoriée dans les résultats de recherches.

4- Inciter à l'action

Suggérez les prochaines étapes en optant pour des termes comme : «La vie est courte. Pourquoi ne pas tenter sa chance ?» «J'aimerais bien partager mes talents culinaires avec toi, qu'en dis-tu ?» «Pourquoi ne pas parler de voyage ? Écris-moi ! »

REGARDONS MAINTENANT LE TOUT EN DÉTAIL.

Quatre éléments clés pour vous démarquer dans une recherche :

1- votre pseudo;

2- votre slogan ;

3- votre photo;

4- votre texte.

Les autres critères de bases qui serviront à la recherche sont aussi très importants; n'hésitez donc pas à sélectionner les critères qui vous représentent le mieux. Voici un exemple du site RéseauContact :

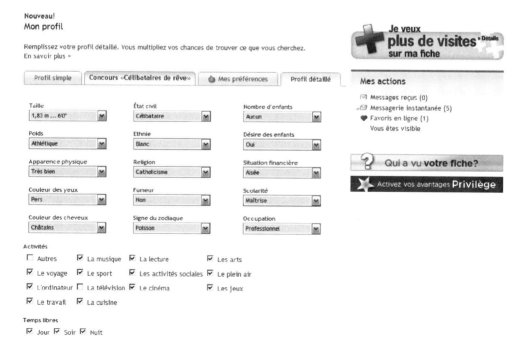

VOTRE PSEUDO

Votre pseudo est votre surnom. Il s'agit du nom associé à votre profil; il est important de choisir un diminutif qui vous représente bien. Certains optent pour leur prénom (mart24, julie09, Isa2, chely180375), d'autres pour leur passe-temps préféré (skateman, aventurier, grandsportif, parachute22, randonneur05) et d'autres encore tentent de titiller ou d'attirer l'attention (juliesexy, bouchegourmande, Mseducteur). Dans ce dernier cas, il ne faudrait pas se surprendre de recevoir certaines invitations à teneur plus explicite ou sexuelle.

VOTRE SLOGAN

Certains sites offrent la possibilité d'ajouter un titre ou un slogan à votre fiche. Dans tous les cas, vous devriez commencer votre description par une phrase courte et « punchée » qui vous décrit. Pour les publicistes de ce monde, il s'agit d'expliquer en sept mots simples votre promesse, ce à quoi on peut s'attendre en communiquant avec vous. Dites-vous que cette petite phrase fera toute la différence, car c'est celle-ci que les internautes verront lorsqu'ils effectueront une recherche. Vous avez quelques mots pour faire une bonne première impression, alors évitez les « bonjour », « salut », « je suis un homme », « je suis une femme », « je recherche une femme célibataire », « je recherche un homme intéressant ». Ce n'est certes pas ce genre de descriptions qui vous démarquera des autres.

Quelques exemples de bons slogans :

- Aventurier, sportif, musicien à ses heures, passionné de snowboard et des voyages.

- Homme intense recherche fille trippante pour monter le Kilimandjaro.

- Recherche femme fumeuse, laide, grosse, pas sportive, qui n'aime pas le bon vin et qui est un peu menteuse. Si tu es tout le contraire, alors tu es celle que je recherche.

- Pas de passion, pas de vie ni d'humour ? S'abstenir SVP.

- Pantoufle gauche recherche pantoufle droite aperçue la dernière fois dans mon imaginaire.

- L'hiver est à nos portes, c'est le moment parfait pour tricoter des pantoufles en Phentex avec toi.

- L'amour a besoin de proximité, le désir de distance, et moi de toi !

- Si ça te dit de contribuer à mon bonheur, écris-moi !

- Je suis du genre à ne laisser personne indifférent.

- Je suis la différence que tu as attendue toute ta vie. Ça te dit de me découvrir ?

- Ma personnalité n'est pas complexe, mais elle est complète.

SOYEZ CRÉATIF ET N'HÉSITEZ PAS À UTILISER L'HUMOUR, TOUJOURS TRÈS APPRÉCIÉ. QUE VOUS SOYEZ UN HOMME OU UNE FEMME, IL Y AU MOINS ÇA DE SIMILAIRE !

VOTRE PHOTO

L'ajout d'une photographie **double vos chances de succès**. Choisissez une photo qui vous représente bien, où vous avez l'air naturel et où vous affichez votre plus beau sourire. Les gens heureux et qui ont la joie de vivre attirent beaucoup plus les autres. Il ne sert à rien de jouer aux stars de cinéma, mais il ne faut pas non plus choisir une photo qui ne vous avantage pas. On évite également les photos où on est entouré d'amis ou celle avec son ex-copine à qui on a subtilement découpé la tête. Les photos trop sexy sont à proscrire, à moins bien sûr que vous soyez à la recherche d'une simple aventure.

ALBUM PHOTO : AUGMENTEZ ENCORE PLUS VOS CHANCES DE SUCCÈS !

Certains sites offrent la possibilité d'afficher plusieurs photos. Il s'agit là d'une bonne façon d'accroître vos chances de succès. En effet, les photos permettent de révéler différentes facettes de votre personnalité. N'hésitez pas à ajouter des photos inusitées qui amèneront une interaction avec les membres du site. À cet effet, les photos de voyage sont idéales pour susciter des réactions comme : « Ah oui ! Ça semble être la Grèce, j'y suis déjà allé ! »

LES PHOTOS À ÉVITER !

Les photos sombres, floues et éloignées sont à proscrire. Pas besoin non plus d'exposer votre corps de façon exagérée : on voit des femmes pratiquement nues qui osent même indiquer dans leur fiche qu'elles n'aiment pas les hommes trop entreprenants. **S.V.P !**

On évite les photos avec lunettes de soleil	On évite une photo sombre ou ombragée	On évite les photos prise de trop loin

DES PHOTOS GAGNANTES !

Les photos bien cadrées, récentes et fidèles à vous-mêmes et celles où vous arborez votre plus beau sourire et une attitude confiante sont en définitive les photos qui feront en sorte que vous aurez du succès.

Optez pour une photo où on vous voit de bas en haut	Faites rêver les gens avec une belle photo de vous en voyage	Choisissez une photo où vous avez l'air de vous amuser

Dans un monde où vous vous retrouvez en compétition avec des milliers de personnes qui tout comme vous recherchent l'amour, il est important de bien choisir les mots qui sauront attirer l'attention.

Voici donc quelques règles d'or :

RÈGLE 1 : SOYEZ SUCCINCT

Oubliez les grands romans, les phrases qui ne finissent plus. Sur un site de rencontres, les gens font principalement trois choses :

1- ils regardent votre photo; les hommes et les femmes sont attirés pas les stimuli visuels, c'est indéniable, mais les hommes ont une tendance très marquée à regarder la photo d'abord et avant tout;

2- ils lisent votre slogan;

3- ils lisent la description de votre fiche en diagonale.

RÈGLE 2 : DÉMARQUEZ-VOUS

Utilisez des termes qui sauront attirer l'attention. Votre paragraphe d'introduction doit vous décrire en quelques mots et indiquer ce que vous recherchez. N'oubliez pas que vous êtes sur un site de rencontres, que vous devez convaincre les personnes que vous souhaitez attirer et leur donner le goût de communiquer avec vous ou de vous répondre. Il faut donc y mettre de l'effort. En cliquant sur votre fiche, vous avez à peine quelques secondes pour capter l'attention. Les sites de rencontre ont des milliers de membres, vous ne pourrez pas passer à travers l'ensemble des fiches et c'est la même chose pour les personnes que vous désirez rencontrer.

RÈGLE 3 : SOYEZ ÉNERGIQUE

Donnez le goût aux autres d'en apprendre plus sur vous. Parlez de vos passions, de ce que vous aimez dans la vie, car dans tous les cas vous recherchez des gens qui ont des intérêts similaires aux vôtres. Soyez drôle, léger et amusant. Évidemment, il ne s'agit pas de jouer un personnage qui ne vous ressemble pas, mais les gens seront attirés davantage par des personnes positives qui voient la vie du bon côté.

DES PHRASES À PROSCRIRE !

IL FAUT ÉVITER D'ÊTRE NÉGATIF À TOUT PRIX !

- **Je ne sais pas trop ce que je recherche, c'est la première fois que je fréquente ce genre de site.**
- **Je ne cherche rien de particulier, mais qui sait peut-être qu'un jour une rencontre intéressante pourrait arriver.**
- **Je ne sais pas quoi écrire. J'ai des doutes sur cette façon de rencontrer.**
- **Je ne sais pas à quoi m'attendre.**
- **Pourquoi est-ce si compliqué de rencontrer quelqu'un ?**

Évitez aussi de mentionner que vous aimez le bon vin et les soirées arrosées entre amis, tout le monde le dit. Par contre, vous pouvez donner le nom de quelques vins qui vous inspirent ou des titres de livres que vous avez aimés. Ainsi, vous donnez de l'information à valeur ajoutée qui vous différencie des autres.

RÈGLE 4 : ÉVITEZ LES FAUTES D'ORTHOGRAPHE À TOUT PRIX !

Faites relire votre texte par quelques amis qui sont doués en français ou du moins écrivez votre texte dans Word en utilisant l'outil correcteur avant de le publier. Est-ce que vous enverriez une lettre de recommandation à un futur employeur sans l'avoir fait réviser afin de vous assurer qu'il n'y a pas d'erreurs de syntaxe ou d'orthographe ? Pourquoi ne pas faire la même chose en ce qui concerne votre fiche, sachant qu'elle peut-être vue par des milliers de personnes ? Si vous n'êtes pas à l'aise avec la langue française, il est préférable d'opter pour un texte court sans faute que pour un style romanesque qui risque de faire fuir vos *prospects*.

Conseil aux hommes : peut-être que pour vous le fait d'oublier quelques « s » n'est pas grave, mais pour une femme, c'est un signe que vous ne savez pas écrire et malheureusement plusieurs d'entre elles éliminent les hommes aussi facilement que les fautes d'orthographe.

RÈGLE 5 : FAITES VALIDER VOTRE FICHE PAR QUELQUES AMIS

Rien de mieux que nos amis pour nous dire nos quatre vérités. Demandez-leur ce qu'ils pensent de votre fiche. Est-ce qu'ils vous reconnaissent dans la description de votre profil ? Que pensent-ils de votre photo ? Comment vous auraient-ils décrit ? Auraient-ils envie de communiquer avec vous ? Certains sites offrent l'aide de spécialistes, comme Danièle Parent pour RéseauContact, qui peuvent vous conseiller et même bâtir votre fiche pour vous. Allez, ne soyez pas gêné et acceptez la critique !

QUELQUES EXEMPLES AU MASCULIN

- Partir un week-end en moto, dévaler les petites routes de l'Estrie ou du Vermont. Faire du snowboard dans le nord et finir la journée avec un bon souper. Parfois, juste ne rien faire et écouter un film collé. J'ai envie de rencontrer une fille qui a le goût de partager ces moments avec moi, qui embarquera dans mes trips et qui me fera découvrir les siens.

- Rebelle sur les bords, j'aime les sports d'eau comme le wakeboard et le surf. Je suis à mon compte depuis plus de 10 ans. Ma passion? Les tours de magie. Je mords à pleines dents dans la vie et je regarde toujours en avant. Ça te dit?

- Une petite recette bien simple : un grand gars aux cheveux bruns, au sourire franc, plein d'humour et de débrouillardise, à l'écoute des femmes, fidèle en amour, simple sans être simpliste! Veux-tu m'essayer?

- Dessinateur à plein temps · Papa à temps partiel · Technophile dans ses hobbys · Anticonformiste souvent · Cuisinier pour éveiller les sens · Photo pour capter les moments · Non chevelu tout le temps.

- Cherche un sourire avec beaucoup de drive et de volonté. Je crois qu'une relation parfaite est basée sur la franchise et la complicité. J'adore le ski alpin, la planche à voile, le camping, l'eau et le feu. Je recherche une femme avec le sens de l'humour. Je peux jouer de la guitare, mais ne me demandez pas de chanter!

- Modèle hybride : mi-urbain, mi-plein air. Un peu intello, assez sportif mais pas trop. Je recherche dans l'ordre ou le désordre : une fille naturelle, positive et souriante, une fille à l'esprit ouvert qui s'intéresse à tout ce qui passe dans le monde! Dis-moi que ça te ressemble, j'ai vraiment le goût de partager.

QUELQUES EXEMPLES AU FÉMININ

- Cet être que je recherche, il est tout simplement lui, parfois homme, parfois enfant, mais toujours intègre. Il me séduit et je découvre avec lui la vie. Ensemble on s'émerveille pour un tout et pour un rien. Il est différent de moi, il me complète. Il sait garder le mystère et chaque jour j'en connais un peu plus sur lui. Il me surprend, il pique ma curiosité. Homme d'exception ? Je saurai le reconnaître et l'aimer.

- Je suis si grande, la hauteur de mes ambitions; je suis si énorme presque autant que mes émotions; mais ne t'en fais pas, je suis aussi belle qu'authentique. J'ai capté ton attention ? Viens me retrouver dans mon monde loufoque.

- J'aime écouter le hockey, le football, le soccer. J'aime boire ma 50 en costume de bain sexy. Je ne suis pas un rêve, je suis la femme parfaite, celle que tous les hommes recherchent. Envie de me rencontrer ? Je cherche quelqu'un qui a beaucoup d'humour et qui croit que dans la vie il ne faut pas se prendre trop au sérieux.

- J'aime la vie tout simplement, et avec quelqu'un ce serait vraiment bien. Si tu aimes faire des activités sportives ou culturelles, t'amuser et que tu désires t'investir dans une relation, alors fais-moi signe !

- Qu'est-ce que je recherche ? L'intelligence. Qu'est-ce que l'intelligence ? L'ouverture d'esprit, la sensibilité, la capacité de s'adapter. Qu'est-ce que je recherche ? Le défi. Qu'est-ce que le défi ? Le goût de se dépasser, de faire des activités nouvelles et trippantes et de ne pas rester bêtement là à regarder la vie passer. Le reste, c'est une question de chimie !

SECTION RÉSERVÉE AUX FEMMES !

ELLE DIT

SECTION RÉSERVÉE AUX HOMMES !

IL DIT

PETITE TRANCHE DE VIE AU FÉMININ

Je trouve qu'écrire sa fiche est une expérience assez traumatisante. On veut que ce soit drôle, original, fidèle à la réalité, plein de sens, que ça nous distingue des autres, et surtout que ça ait l'air naturel. Mais dans le fond, moi ce que je trouve le plus révélateur d'une personne, c'est le regard qu'elle pose sur elle-même et sur la vie en général, et ça, c'est plus difficile à traduire en mots !

Caro90

SHIRLEY RÉPOND :

Il est vrai qu'il faut prendre le temps de bâtir sa fiche, mais au-delà de celle-ci, il est intéressant d'échanger avec l'autre, de lui poser des questions, d'apprendre à le connaître. Au bout du compte, c'est le temps qui nous dira s'il s'agit de la bonne personne pour nous. Et l'avantage d'Internet, c'est que vous pouvez mettre à jour votre fiche au fil de vos expériences.

PETITE TRANCHE DE VIE AU FÉMININ

Au début, je ne mettais pas ma photo. J'étais un peu gênée d'être

PETITE TRANCHE DE VIE AU MASCULIN

Je suis extrêmement timide, j'ai peur que les filles me jugent ou portent des commentaires sur mon apparence physique. Je n'ai pas affiché ma photo sur ma fiche et je la transmets seulement lorsque j'ai établi un contact avec une fille. J'ai l'impression que si elle m'a trouvé intéressant et qu'elle a aimé échanger des courriels avec moi, j'ai plus de chances de succès. J'ai envoyé ma photo à une fille dernièrement et celle-ci a arrêté de m'écrire. J'ai été blessé, mais je me dis que c'est quand même plus facile pour moi de faire des rencontres par Internet que dans un bar où aucune fille ne me parle.

Vincetrip

MARTIN RÉPOND :

Une photo augmente vos chances de succès de 50 %. C'est l'une des parties les plus importantes du processus. Choisissez une photo où vous êtes souriant et affichez une attitude confiante. Dans tous les cas, les filles vous en demanderont une très rapidement. Si vous hésitez et ne trouvez pas de bonne photo de vous, consultez des amis ou un spécialiste

SECTION RÉSERVÉE AUX FEMMES !

 **ELLE DIT**

SECTION RÉSERVÉE AUX HOMMES !

 IL DIT

inscrite à un tel site. Je ne voulais pas avoir l'air désespérée, du genre de celle qui est incapable de faire des rencontres et qui n'a pas le choix d'aller sur Internet. Puis, quand j'ai vu qu'il y avait plein de gars que je connaissais sur le site de rencontres, je me suis dit que ce n'était pas si pire.

Solfamiredo

SHIRLEY RÉPOND :

Cinquante pour cent des Québécois pensent qu'Internet est une façon comme une autre de rencontrer l'âme sœur. Dites vous que, de toute façon, si quelqu'un voit votre photo, c'est que cette personne est aussi à la recherche.

PETITE TRANCHE DE VIE AU FÉMININ

C'est sûr que la photo fait une grosse différence, tant pour les hommes que pour les femmes. Sur bien des fiches, on voit souvent «pas de photos, pas de réponse». Mais il faudrait aussi ajouter «pas de photo attrayante, pas de réponse».

Melo

qui pourra vous aider. Par exemple, Danièle Parent (*www.reseaucontact.com*) donne des conseils à cet effet. Mettez toutes les chances de votre côté !

PETITE TRANCHE DE VIE AU MASCULIN

Après quelques semaines sur le site de rencontres, j'ai modifié ma fiche en retirant les informations relatives à ma taille et à mon éducation. J'ai l'impression que les filles ne m'écrivaient pas étant donné que je n'ai pas beaucoup d'éducation et que je mesure 5 pieds et 4 pouces. Je suis un entrepreneur en construction, je n'ai peut-être pas de diplôme, mais j'ai plein d'autres qualités et même si je ne suis pas grand, je suis plus en forme que bien des gars sur le site ! Je dois dire que j'ai plus de messages depuis que j'ai fait ces changements. Pas besoin de mettre trop d'info sur sa fiche !

Roadman

SECTION RÉSERVÉE AUX FEMMES !	SECTION RÉSERVÉE AUX HOMMES !
 ELLE DIT	IL DIT

SHIRLEY RÉPOND :

J'abonde dans le même sens. Aujourd'hui, on connaît tous quelqu'un qui a une caméra numérique. Demandez à un ami de jouer les photographes pendant quelques instants et de prendre quelques clichés de vous à votre meilleur et arborant votre plus beau sourire. Allez, un petit effort !

MARTIN RÉPOND :

Cher Roadman, dites-vous que d'une façon ou d'une autre, vous allez rencontrer la fille, et si elle cherche un homme de six pieds, il y a un risque élevé qu'elle passe à un autre appel, à moins que vous performiez de façon incroyable en personne. Selon moi, plus on est authentique et plus on gère les attentes et le risque d'échec.

PETITE TRANCHE DE VIE AU MASCULIN

Lorsque j'ai choisi mon surnom, je cherchais un moyen de dire que j'avais le sens de l'humour sans l'écrire littéralement. Alors, j'ai décidé de le prouver, tout simplement, en laissant transparaître mon côté rigolo dans mes écrits.

Miniweath

MARTIN RÉPOND :

N'hésitez pas à faire des tests et à changer de photos. Tout bon chef a trouvé la touche magique par essais et erreurs.

ÉTAPE 3 : LA RECHERCHE

Une fois le profil rédigé, le site de rencontres effectuera un contrôle qualité de votre fiche et ce n'est qu'après cette vérification que vous pourrez entrer en contact avec d'autres membres. Les sites les plus sérieux sont en mesure de repérer les photos trompeuses et de ne pas les afficher.

Puisque vous êtes un nouveau membre, votre profil est alors placé en tête de liste dans les recherches, ce qui lui confère une popularité dès le départ. Si vous n'avez pas payé pour votre abonnement, alors le premier contact se fera sous forme d'un clin d'œil, ou d'un texte très court choisi dans une liste prédéfinie. Par ailleurs, si un membre Privilège ou payant vous écrit, il vous sera possible de lui répondre.

Si vous êtes une femme, préparez-vous, car sur un site de rencontres, vous recevrez des dizaines de messages, particulièrement si vous affichez une belle photo de vous. Vous devrez donc planifier du temps pour gérer vos messages, sans quoi vous perdrez le fil de vos correspondances et l'intérêt de ceux qui vous écrivent. Pour avoir du succès, il faut au moins visiter le site de rencontres tous les deux jours.

Alors que la femme doit définir sa stratégie d'écrémage, c'est-à-dire la façon de filtrer le plus efficacement possible les messages reçus, l'homme doit établir sa stratégie de pénétration de marché, soit la meilleure façon de se faire remarquer auprès de la gent féminine.

Il faut voir le site de rencontres comme un lieu où vous avez la chance de faire des recherches, de comparer, de trier, un peu comme on le fait lorsqu'on magasine en ligne ou qu'on feuillette un catalogue. C'est d'ailleurs cette mécanique qui en décourage plusieurs; ils ont l'impression que tout cela ne participe en rien au charme, au romantisme; d'autres encore n'aiment pas sentir qu'ils sont comparés. En contrepartie, plusieurs personnes mentionnent ressentir des émotions à la vue d'une photo, d'une fiche, d'un message, une sensation qu'on peut comparer à celle que l'on ressent lorsqu'on rencontre un étranger dans la rue qui au simple contact de ses yeux fait battre notre cœur. Dans tous les cas, à cette étape-ci, il vaut mieux conserver son sang-froid et ne pas se laisser trop impressionner par une simple fiche.

Une bonne stratégie d'écrémage sous-tend que vous avez ciblé les critères de rencontre les plus importants pour vous. À cet effet, la plupart des sites offrent un outil de recherche qui vous permet d'identifier plus rapidement les gens qui correspondent à vos intérêts. Vous pouvez même bâtir des profils de recherche et les sauvegarder. Ainsi, vous pourriez avoir une recherche plus générale incluant des variables comme le sexe, la taille, l'âge et la région alors qu'une autre recherche pourrait être plus raffinée et inclure des mots clés comme certaines activités ou des champs d'intérêt qui vous passionnent. Que vous soyez un homme ou une femme, savoir faire des recherches est important pour gagner du temps et analyser les fiches des candidats qui semblent correspondre davantage à vos attentes.

Par ailleurs, il faut toujours faire attention aux critères trop restrictifs que l'on peut inclure dans nos recherches. J'ai toujours en tête ma propre expérience alors que Martin recherchait une fille âgée de moins de 30 ans et que j'en avais 31. Imaginez, il aurait pu passer à côté de l'amour et ne jamais m'avoir rencontrée, tout ça pour une petite année !

Certains sites offrent une fonction qui permet de bloquer des membres qui ne correspondent pas à nos critères. Cette fonctionnalité est intéressante et répond à un besoin soulevé par plusieurs femmes de filtrer les messages d'hommes plus âgés ou de couples à la recherche de partenaires sexuels. N'ayez crainte, dans tous les cas, les gens bloqués ne le savent pas et de votre côté vous pouvez vous concentrer sur les fiches les plus intéressantes.

En général, les hommes recherchent de belles femmes. Ceux qui ont du succès optent pour la quantité de messages envoyés. La stratégie des hommes se résume la plupart du temps ainsi : ils regardent la photo et lisent peu ou pas du tout le message. Ils vont aussi utiliser les outils de recherche par mot clé afin de trouver des femmes qui partagent leur passion. Cet outil est très utile pour trouver des membres en fonction de mots clés tels que «ski», «snowboard», «moto», «voyages», «escalade».

Exemple de recherche :

Recherche

Critères de recherche

En ligne	**Âge** 24 à 32	**Ayant visité le site depuis** 30 jours
☑ Avec photo		
☑ Album photo	**Sexe** Une femme	**Orientation sexuelle** Hétérosexuel
Avec voix		
Membre Privilège	**Région** QC - Montréal	**Ville**
Dans la Vidéo Rencontre		
	Buts sur le Réseau ----------	**Recherche de texte** snowboard

Plus de critères ☑

Lancer la recherche

Sauvegarder cette recherche | Nommer cette recherche | OK | Recherches sauvegardées

Les femmes adoptent, quant à elles, des comportements plus complexes que les hommes :

- Les femmes de 18-25 ans ont davantage d'occasions de rencontres, que ce soit à l'école, via leur réseau d'amis ou lors d'activités ou de divertissement. Internet fait partie intégrante de leur vie et représente un moyen comme un autre de rencontrer. Elles recherchent en général le plaisir et les rencontres d'amour et d'amitié. Elles vont fréquenter des sites de réseaux de sociaux plus que des sites de rencontres.

- Les femmes de plus de 30 ans ont des priorités différentes, que ce soit parce qu'elles ont un travail accaparant ou une famille. Elles sont en général plus occupées et les occasions de sortie sont moins fréquentes. À cet âge, les femmes savent davantage ce qu'elles recherchent ou ce dont elles ne veulent pas et le mentionnent clairement dans leur fiche. Les critères concernant le nombre d'enfants, le désir d'avoir des enfants ou la profession exercée vont prendre plus d'importance. Les femmes rencontrées nous ont mentionné rechercher un amoureux, un compagnon de vie et certaines d'entres elles un géniteur. Certaines femmes monoparentales perçoivent les sites de rencontres comme un passe-temps pour rencontrer de nouvelles personnes dans le confort de leur maison lorsque les enfants sont couchés.

- Les femmes de plus de 45 ans ressemblent beaucoup au segment précédent. À cet âge, il devient surtout important de savoir si les enfants sont encore à la maison ou non. Le critère de l'apparence physique devient souvent moins important au détriment de la situation géographique et des passions. On retrouve d'ailleurs beaucoup de femmes à la recherche d'amitiés, d'un compagnon pour effectuer des activités. Malheureusement pour les femmes, les hommes du même âge ont tendance à rechercher des femmes plus jeunes sur les sites de rencontre.

On constate également que les femmes sont plus portées à prendre l'initiative des contacts dans le monde virtuel et à montrer clairement leurs objectifs alors que les hommes seront plus prompts à laisser libre cours à leurs émotions intimes. Par ailleurs, les *patterns* plus traditionnels refont surface dès la rencontre en face à face.

SECTION RÉSERVÉE AUX FEMMES !

ELLE DIT

SECTION RÉSERVÉE AUX HOMMES !

IL DIT

PETITE TRANCHE DE VIE AU FÉMININ

Ce que je n'aime pas sur ce genre de réseau de rencontres, ce sont tous ces vieux bonshommes «sugar daddy» qui essaient de me séduire. J'ai l'âge de leur fille. C'est quoi le problème ?

Eli

SHIRLEY RÉPOND :

On constate qu'au niveau des recherches, les hommes de plus de 55 ans ont souvent une préférence pour les femmes plus jeunes. Si vous ne désirez pas être sollicitée, certains sites vous offrent la possibilité de bloquer des messages en fonction de critères prédéterminés, en l'occurrence ici l'âge.

PETITE TRANCHE DE VIE AU FÉMININ

Je suis vraiment passive. Le geste est quasi mécanique, toujours la même scène qui se répète chaque jour : j'arrive à la maison, j'ouvre mon ordi, je vais voir mes messages, j'ouvre mes messages, je regarde la photo, je regarde le texte, je retourne un message, j'attends, j'ouvre un autre message, j'attends, parfois je rencontre, la plupart du temps je suis

PETITE TRANCHE DE VIE AU MASCULIN

Lorsque je cherche sur un site de rencontres, je deviens complètement dingue. À chaque nouvelle recherche, il y a une nouvelle fille encore plus jolie que la dernière à qui j'ai parlé. Et plus j'en vois, plus de deviens mélangé. J'ai toujours l'impression que je peux rencontrer quelqu'un de mieux.

Paul

MARTIN RÉPOND :

Retour à l'étape 1 : préparation mentale. Il faut identifier ce que l'on recherche, sinon il y a effectivement un risque de devenir fou et surtout de blesser les jolies dames que vous rencontrez.

PETITE TRANCHE DE VIE AU MASCULIN

J'ai 45 ans et je recherche une jeune femme d'environ 30 ans, mais je constate que plusieurs d'entre elles demandent aux hommes de 40 ans et plus de ne pas leur écrire. Y a-t-il un moyen de pouvoir rechercher seulement celles qui savent apprécier les hommes plus matures ?

Joseph

SECTION RÉSERVÉE AUX FEMMES!	SECTION RÉSERVÉE AUX HOMMES!

 **ELLE DIT**   **IL DIT**

déçue, je me jure de ne plus y aller, je me dis que je manque peut-être quelque chose, j'y retourne, j'ouvre le message, je retourne un message, j'écris, j'attends, je suis déçue. Suis-je folle?

Nadine

SHIRLEY RÉPOND :

Mon conseil : ne regardez pas le train passer, embarquez! Après avoir établi ce que vous recherchez, faites donc vos propres recherches avec les critères que vous aurez définis. Un autre petit conseil : trouvez-vous d'autres hobbys que la recherche d'un partenaire sur Internet. Allez jouer dehors et diminuez la fréquence de vos visites. Tout est une question d'équilibre.

MARTIN RÉPOND :

De plus en plus, les moteurs de recherche seront suffisamment précis et pourront vous recommander des «perfect matchs», c'est-à-dire des gens qui recherchent la même chose que vous. Par exemple, Match.com offre ce service. Si le service n'est pas offert sur le site que vous fréquentez, je vous suggère de lire les messages des femmes; n'écrivez pas à celles qui ne le veulent pas et qui l'indiquent dans leur fiche. Concentrez-vous sur les autres. Vous pouvez toujours tenter votre chance, mais démarquez-vous et soyez convaincant!

ÉTAPE 4 : LA COMMUNICATION

La partie communication est celle qui est la plus exigeante. Il est important de planifier du temps à votre horaire, c'est-à-dire une visite aux deux jours environ, sans quoi les chances que vous rencontriez le partenaire idéal seront réduites. N'oubliez pas que les sites de rencontre sont des marchés de la consommation; pour flairer les «bonnes affaires», il faut y aller souvent. Je le répète, rencontrer la bonne personne exige rigueur et constance.

Lorsque vous recevez un message d'une nouvelle personne, débutez par une lecture de sa fiche afin de ne pas perdre votre temps ni faire perdre leur temps aux autres. S'il n'y a pas de photo mais que la fiche vous inspire confiance, demandez à la personne de vous en transmettre une. Dans tous les cas, n'hésitez pas à demander d'autres photos afin de vous faire une meilleure idée de l'allure générale de la personne (sa taille, son poids, son sourire, sa coupe de cheveux, etc.) pour ensuite décider de poursuivre ou non la communication. Par ailleurs, si la photo et la fiche vous donnent le goût de poursuivre votre démarche, vous devrez recueillir un peu plus d'information. À cette étape-ci, certains sites offrent uniquement aux membres qui ont payé un abonnement la possibilité d'écrire des messages personnalisés. Les autres devront transmettre des messages préfabriqués. Par contre, même si ce n'est pas permis, plusieurs personnes vont indiquer une adresse de courriel où les joindre à même leur fiche. La communication se fera alors à l'extérieur du site de rencontres par l'intermédiaire d'un réseau social comme Facebook ou d'un service de messagerie comme celui d'Hotmail ou de Yahoo. Par contre, on évitera le courriel du bureau pour nos échanges personnels et amoureux !

Cependant, ne jugez pas trop rapidement les gens, le temps viendra bien assez vite où vous serez en mesure d'évaluer si cette personne répond à vos besoins ou à vos désirs.

Pour être plus efficace dans vos communications et aussi pour ceux qui ne sont pas de grands écrivains, il peut-être intéressant de se bâtir des messages types qui décrivent ce que vous êtes, ce que vous aimez, vos passions, vos hobbys. Bien sûr, avant d'envoyer vos beaux messages, vous les aurez préalablement fait réviser par un ami de la langue française ou tout simplement passés au crible d'un correcteur d'orthographe. Ensuite, vous adaptez vos messages en fonction de la personne à qui vous vous adressez et le tour est joué !

N'oubliez pas que plus vous échangez, plus vous augmentez vos chances de rencontrer la bonne personne. Il est donc important d'avoir un bon système pour faire le suivi de vos messages. Vous pouvez vous créer un document Word ou Excel et y indiquer vos commentaires sur chacun de vos correspondants ou encore utiliser un cahier de bord dans lequel vous écrivez vos réflexions et vos expériences. À cet effet, l'introspection est essentielle pour cheminer tout au long de votre expérience.

Les messages transmis doivent être brefs et toujours se terminer avec une ou deux questions afin de vous assurer que la personne ait envie de vous répondre. Attention, le but ici n'est pas d'inonder l'autre de questions, mais de lui poser les bonnes questions. Vos objectifs : capter l'attention, susciter le désir et faire en sorte que la personne passe à l'action.

LES QUESTIONS ESSENTIELLES À POSER ?

- Quelles sont tes passions ? Il s'agit d'un bon indicateur des champs d'intérêt de la personne et de ce qui la motive dans la vie.

- Quelle est l'expérience la plus incroyable que tu as vécue jusqu'à maintenant ? Cette question permet de voir le niveau d'intensité de la personne et le genre d'expérience que vous pourrez vivre avec elle.

- As-tu des enfants ? Il est bien certain qu'une personne qui a des enfants n'a pas le même rythme de vie qu'une autre qui n'en a pas. Il est tout de même important de le savoir avant d'aller plus loin dans la relation.

- Que fais-tu pour gagner ta vie ? À l'âge adulte, une importante partie de notre vie se passe au travail. Il est intéressant de savoir quelle place occupe le travail dans la vie de la personne que vous rencontrez.

- Que fais-tu en général dans tes temps libres ? Encore une fois, vous êtes à la recherche d'une personne qui partagera votre vie. Il est donc important de valider ses centres d'intérêt. Si une personne passe ses soirées sur Internet, alors on peut supposer qu'elle a un style de vie plus sédentaire et que les chances sont plus fortes que le jour où vous serez en couple avec elle, les soirées Internet se transforment en soirée télé.

QUELQUES EXEMPLES :

- Salut, j'ai bien aimé ton profil et j'aimerais en savoir un peu plus sur toi. Quelles sont tes passions ? Quelle est l'expérience qui t'a marqué le plus dans ta vie et pourquoi ?

- Pour ma part, j'adore faire du sport, surtout le ski et la natation. L'expérience la plus incroyable de ma vie, c'est le voyage que j'ai fait seule en Europe pendant trois mois. J'ai vraiment appris à me découvrir et je crois que j'ai vraiment changé à la suite de ce voyage. Je suis plus ouverte et j'ai moins peur d'essayer de nouvelles expériences. Et toi ?

Après avoir échangé un ou deux messages, il peut être intéressant de clavarder avec l'autre à l'intérieur du site de rencontres ou grâce à une messagerie instantanée comme MSN. Ainsi, on peut se faire une meilleure idée des domaines d'intérêt qui nous relient. Si déjà je suis en manque d'inspiration après quelques échanges, je peux me douter que je ne partage peut-être pas suffisamment d'intérêts avec l'autre et immédiatement mettre fin à la communication. N'oubliez pas : votre temps est précieux ! De plus, ne vous emballez pas même si vous trouvez que la personne clavarde excessivement bien et que la discussion est animée. Il s'agit d'un indicateur intéressant, mais pas suffisant pour s'imaginer avoir rencontré l'âme sœur.

Il est important à cette étape-ci de ne pas donner votre nom de famille, votre numéro de téléphone, votre lieu de travail ou de résidence. Vous devez avoir les mêmes comportements sécuritaires sur Internet que dans la vraie vie. Avant de procéder à l'étape suivante, vous devez avoir vu quelques photos de votre interlocuteur. Il s'agit d'une preuve importante de crédibilité. Si celui-ci ne veut pas vous transmettre des photos de lui, demandez-vous si sa démarche est sérieuse.

Une fois le contact établi par Internet, si la personne rencontrée correspond à vos critères et à vos attentes et que vous partagez des affinités avec elle, alors le téléphone devient un bon intermédiaire entre le monde virtuel et le monde réel. Toutefois, il est préférable de transmettre votre numéro de cellulaire plutôt que votre numéro à la maison. Le téléphone permet de rendre l'autre plus tangible. En entendant la voix de son interlocuteur, on peut déjà se sentir en confiance ou non, faire le pont entre la conversation téléphonique et les messages échangés par Internet.

Avant de communiquer avec l'autre, ayez en tête quelques questions et faites entendre un sourire dans votre voix, l'objectif étant encore une fois que la personne ait envie de vous rencontrer en face à face. Que ce soit par courriel, au téléphone ou en personne, faites confiance à votre intuition. Si vous n'avez pas envie de poursuivre, dites-le respectueusement et évitez de faire semblant ou de faire croire à l'autre qu'il est la huitième merveille du monde.

Si, après deux ou trois conversations téléphoniques, l'intérêt pour l'autre est toujours au rendez-vous, n'attendez pas trop longtemps avant de planifier une rencontrer puisque l'effet de distance peut amplifier vos fantasmes ou faire en sorte d'idéaliser l'autre. Par ailleurs, selon Danièle Parent, plusieurs personnes sont peut-être passées à côté de l'amour à cause d'une bévue ou d'une mauvaise interprétation liée à un échange téléphonique ou de courriels, une situation qui aurait pu être évitée si la rencontre face à face avait eu lieu plus tôt dans le processus. Finalement, malgré toute la chimie virtuelle que vous aurez pu vivre sur un site de rencontres, celle-ci doit se transposer dans le monde physique de façon à déterminer si la relation est viable. La rencontre est véritablement l'étape déterminante, qui décide si « ça passe ou ça casse ».

SECTION RÉSERVÉE AUX FEMMES !	SECTION RÉSERVÉE AUX HOMMES !
 **ELLE DIT**	**IL DIT**

PETITE TRANCHE DE VIE AU FÉMININ

J'ai eu un coup de foudre virtuel pour John002, il a véritablement touché mon cœur avec ses mots. On s'est écrit pendant deux semaines et, chaque jour, j'avais hâte de rentrer du bureau pour lire ses messages. On s'écrivait sur tout et sur rien et j'aimais son ton un peu sarcastique, je m'imaginais qu'il était journaliste ou politicien. Puis, j'ai pris mon courage à deux mains et j'ai finalement décidé de l'appeler. J'étais nerveuse, j'avais peur que la magie de l'écriture n'opère pas au son de sa voix. Après quelques instants, j'ai rapidement compris que son sarcasme n'était qu'un grand mépris pour la vie. C'était l'homme le plus pathétique à qui il m'avait été donné de parler. Ma leçon? Toujours faire attention aux mots écrits, même les plus séduisants; ils ne sont en fait que la première étape du processus.

Maika

SHIRLEY RÉPOND :

Les filles, vous n'êtes pas à l'abri de ce genre de situation. En fait, je dirais que Maika est plutôt chanceuse que son expérience se soit arrêtée

PETITE TRANCHE DE VIE AU MASCULIN

Dès qu'une fille m'intéresse et que nous avons échangé quelques messages, je fais une recherche sur Facebook, LinkedIn ou Google pour tenter de trouver le plus d'information possible sur elle. Idéalement, j'aime bien savoir à qui j'ai affaire avant de rencontrer la fille. Comme je déteste parler au téléphone, je vais opter pour quelques séances de clavardage sur MSN. Si le déclic est encore là, je vais la rencontrer, pas avant.

Mitch

MARTIN RÉPOND :

Les recherches via Google sont intéressantes, mais Shirley m'a raconté l'histoire d'un gars qui lors de la première rencontre lui a dit qu'il pouvait lire dans les lignes de la main et qu'il savait qu'elle venait de vivre une grande peine et une grande douleur liée à son père. Sur le coup, Shirley a été plutôt surprise et troublée par cette affirmation étant donné que son père venait de décéder, pour finalement découvrir que le gars avait trouvé cette info sur Internet. Je peux vous dire que ça ne

SECTION RÉSERVÉE AUX FEMMES !	SECTION RÉSERVÉE AUX HOMMES !
 **ELLE DIT**	**IL DIT**

après un coup de fil, car j'ai entendu des histoires encore plus tristes. Par exemple, des filles ont attendu des semaines avant de rencontrer la personne pour finalement se rendre compte qu'il n'y avait aucune chimie lors du premier rendez-vous dans le monde réel.

PETITE TRANCHE DE VIE AU FÉMININ

J'ai appris par expérience qu'il vaut mieux ne pas trop tarder avant de rencontrer la personne qui nous intéresse dans la mesure où on se sent en confiance avec celle-ci. Il est souvent trop facile, devant son ordinateur et par écrit, de se faire une idée fausse de l'autre ou de projeter involontairement une image idéalisée de la personne.

Catherine

SHIRLEY RÉPOND :

Parfaitement d'accord avec ce commentaire. Internet n'est pas le monde réel, c'est un entremetteur qui vous donne l'occasion de rencontrer une multitude de personnes. Afin d'éviter les déceptions, il vaut mieux rencontrer l'autre dès qu'on se sent près, intéressée et confiante.

lui a pas du tout donné le goût de revoir cette personne. Soyez subtils, les gars !

PETITE TRANCHE DE VIE AU MASCULIN

Après 3-4 courriels concluants, j'oriente la suite vers MSN, une application qui permet plus d'instantanéité. On y voit les gens se connecter et c'est beaucoup plus direct pour échanger des messages. Par la suite, je propose un échange téléphonique et une rencontre fixée à une heure donnée, dans un lieu donné. J'évite le cinéma, car la discussion y est limitée, et je propose un verre ou une partie de billard.

Simon

MARTIN RÉPOND :

Bonne stratégie, Simon. J'avais sensiblement la même que toi, sauf que je n'utilisais pas MSN et que j'optais plus rapidement pour le téléphone. Comme toi, je crois qu'on doit aller droit au but !

ÉTAPE 5 : LA RENCONTRE

La première rencontre est importante. Il faut être conscient que ce n'est pas parce que vous avez eu le coup de foudre virtuel que ce sera la même chose lorsque vous rencontrerez la personne en face-à-face. La connexion avec une personne dépend de plusieurs facteurs difficilement contrôlables, elle est une affaire de *timing*, de magie, de petit « quelque chose » qui fera toute la différence entre cette personne et les autres. Toutefois, pour mettre toutes les chances de son côté, certains trucs peuvent vous aider.

D'ABORD, LA PRÉPARATION MENTALE

On revient à l'étape 1 du processus de rencontre. Si vous désirez faire une bonne première impression, vous devez avoir confiance en vous et en votre capacité de séduire et d'intéresser l'autre. Vous vous sentiez comme un super-héro derrière votre écran d'ordinateur ? Alors projetez la même confiance dans le monde réel. Que vous soyez un homme ou une femme, l'attirance part de vous et de l'énergie que vous dégagez.

LE CHOIX DU LIEU

Certaines personnes m'ont mentionné avoir eu une première rencontre au Tim Horton. Personnellement, j'aurais tendance à éviter tout endroit avec des néons qui n'offre pas d'ambiance et j'inclus dans cette catégorie la promenade au centre commercial. Pourquoi ne pas opter pour un petit café ou un bar tranquille qui invite à la discussion ou encore une marche ou une activité physique modérée. Dans tous les cas, on évitera un souper au restaurant lors d'une première rencontre, ce qui est beaucoup trop engageant alors que vous ne savez pas du tout quel effet cette personne aura sur vous. Le cinéma n'est pas non plus recommandé à ce stade-ci, n'oubliez pas que vous désirez connaître un peu plus la personne et que ce n'est pas en regardant un film dans le noir que vous pourrez véritablement vous faire une idée. Certains optent avec originalité pour une visite au musée, au jardin botanique ou à l'astrodôme, quant à moi, je réserverais ces sorties pour une rencontre ultérieure. En effet, pourquoi se donner tant de mal alors que vous êtes bien loin de savoir si cette personne correspond à ce que vous recherchez.

LA DURÉE : PARFOIS PAS TROP LONGTEMPS C'EST MEILLEUR !

Un autre élément important : la durée. Le secret ? 60 minutes maximum. Si la personne vous intéresse vous aurez amplement le temps de la revoir. N'oubliez pas qu'il est toujours recommandé d'aviser un ou une amie pour la prévenir et lui donner l'adresse de l'endroit ainsi que le nom de la personne que vous rencontrez.

AVANT DE PARTIR, UN DERNIER CONSEIL !

Relisez la fiche et les messages que vous avez échangés, simplement pour éviter de ne pas vous mélanger entre les différentes personnes avec lesquelles vous avez communiqué. Ce serait vraiment dommage de rater une bonne première impression parce que vous avez confondu votre conquête avec Marc ou Paul ou que vous avez complètement oublié la profession de cette chère Marie qui s'était efforcé de vous raconter ce qu'elle faisait de ses journées. Arborez votre plus beau sourire, prenez une grande respiration, vous êtes prêt à rencontrer !

QUOI DIRE, QUOI FAIRE ?

Vous voilà maintenant devant la personne : un brin de nervosité assiège votre cœur et une quantité impressionnante d'observations vous passent à travers la tête : «je ne l'imaginais pas comme cela», «je la voyais plus grande», «je le trouve petit», «je trouve qu'il sent bon», «je n'aime pas son grain de beauté dans le visage», «il a un beau corps», «elle a une petite poitrine», «il n'est pas assez musclé». Stop ! Déjà que les premières impressions peuvent être trompeuses, il faut garder le focus et rester concentré. N'oubliez pas que 60 minutes c'est vite passé ! Détendez-vous, ayez du plaisir et gardez l'esprit ouvert peut-être que cette personne n'est pas exactement ce que vous aviez imaginé mais vous pourriez être agréablement surpris. La coach en séduction Marie-France Archibald (www.coachseduction.com) suggère de se mettre dans un état de «vacances». Par exemple, lorsqu'on est au dans le Sud dans une formule tout inclus on se sent détendu, on n'a pas la petite voix qui nous parle dans notre tête pour nous rappeler nos problèmes, on vit le moment présent. Qui plus est, on est davantage ouvert aux autres, on rencontre plein de gens, sans aucune attente. C'est ce même état que l'on doit retrouver lors de notre première rencontre.

VOUS ÊTES NERVEUX ?
DITES À L'AUTRE COMMENT VOUS VOUS SENTEZ.

- Sur Internet, il est plus facile de se confier, révéler des secrets car la distance amène plus facilement les confidences. Si vous êtes gêné par la situation, mentionnez-le à l'autre, ce qui permettra de dédramatiser la situation. Faites une petite blague pour détendre l'atmosphère et restez vous-même.

VOUS NE SAVEZ PAS QUOI DIRE ?

- **Parlez de vos passions** : qui n'aime pas rencontrer quelqu'un qui déborde d'énergie et qui est animé par plusieurs passions ? N'hésitez pas à partager vos passions avec la personne que vous rencontrez, il est certain que vous gagnerez des points.

- **Évitez de parler trop de travail** : Vous pouvez parler de votre travail mais si vous n'avez aucun autre sujet de conversation, peut-être qu'il est temps de vous interroger sur l'équilibre de votre vie. Lisez au moins le journal avant la rencontre et trouvez un ou deux sujets de conversation. Allez un petit effort !

- **Évitez de vous plaindre de votre vie** : même si vous vivez un mauvais coton, évitez d'en parler à une personne que vous connaissez à peine et qui malheureusement n'a rien a ciré de votre situation quelle qu'elle soit. N'oubliez pas que vous êtes là pour séduire la personne.

- **Évitez de parler de votre ex-copine** il n'y a rien de plus ennuyant que d'entendre parler des anciennes histoires d'amour d'une personne. Si vous n'avez pas l'esprit libre, que vous n'êtes pas ouvert à la rencontre et que vous avez un passé qui n'est pas réglé, vous ferez fuir l'autre, c'est assuré !

- **Posez des questions à l'autre** : Marc Boilard (www.MonClasseur.com) appelle cette façon de faire la stratégie FBI et a pour but d'administrer à l'autre un interrogatoire positif. Pour ma part, je considère que c'est simplement une façon de démontrer votre intérêt à la personne qui se trouve devant vous et de vous faire une meilleure opinion de celle-ci.

- **Ayez du tonus dans tous les sens du terme** : tenez vous droit, dégagez de l'assurance et la confiance en vous et en vos capacités de séduire l'autre, n'hésitez pas à vous exprimer et à partager vos opinions. Regardez l'autre dans les yeux lorsque vous lui parlez.

Dans tous les cas, évitez tout comportement excessif : boire trop d'alcool, parler trop et faire trop de blagues. Demeurez poli, honnête et authentique et traitez l'autre avec courtoisie et respect.

MESSAGES AUX HOMMES

Ne soyez pas avare de compliments, sans exagération, les femmes aiment bien se faire complimenter sur leur tenue vestimentaire ou sur leur parfum.

Il est vrai que les femmes ne sont pas toujours faciles d'approche mais contrairement à une rencontre dans un bar, la personne avec laquelle vous partagez ce moment, vous a déjà démontré de l'intérêt du moins pour ce que vous représentiez dans le monde virtuel. Vous partez donc avec une longueur d'avance.

MESSAGES AUX FEMMES

Acceptez les compliments même si la personne ne vous intéresse pas plus qu'il le faut. Si vous êtes gênées de recevoir un compliment, imaginez comment l'homme qui se trouve devant vous se sent. Surtout évitez de dire « tu me gênes » ou pis encore « me niaises-tu ? ». Répondez plutôt « merci, c'est très gentil ! ». Un autre conseil, ne soyez pas trop au dessus de vos affaires. N'oubliez pas quand général les hommes aiment les femmes allumées qui savent ce qu'elles veulent mais qui sont aussi capables de démontrer une certaine vulnérabilité et qui savent exprimer leur féminité.

Selon Marie-France Archibald, coach et formatrice en séduction pour les célibataires, environ 4 hommes sur 5 qui lui demandent des conseils ne dégagent pas suffisamment d'énergie sexuelle lorsqu'ils rencontrent une femme. Un fait intéressant, dans ces ateliers de séduction, elle travaille avec les hommes pour rendre leur énergie plus « masculine » et avec les femmes pour qu'elles exploitent leur énergie plus « féminine ».

SOYEZ ATTENTIF AU LANGAGE NON VERBAL :

- Est-ce que la personne est attentive à ce que vous dites ? Fait-elle de l'écoute active ? Si oui, alors c'est un bon signe, elle trouve la conversation intéressante. Si non, posez une petite question pour changer de sujet.

- A-t-elle le regard fuyant ou vous regarde-t-elle droit dans les yeux ? Si la personne ne vous regarde pas dans les yeux, il faut comprendre si c'est par manque d'intérêt ou simplement par timidité. Si c'est le manque d'intérêt, tentez de capter son attention, faites une petite blague et revenez sur un sujet plus passionnant.

- Regarde-t-elle sa montre en signe de désintérêt ? Demandez à la personne si quelque chose la préoccupe. Peut-être a-t-elle eu une journée plus difficile et qu'elle est fatiguée ? Il est préférable de valider avant de sauter à la conclusion que l'autre n'est pas intéressé.

- Est-ce qu'elle sourit ? Se penche-t-elle vers vous ou a-t-elle plutôt les bras croisés en signe de fermeture ? Si elle se penche vers vous, elle est réceptive à ce que vous lui dites dans le cas contraire la personne est peut-être mal à l'aise ou simplement plus réservée.

VOUS ÊTES INTÉRESSÉ ?

Si la personne vous intéresse, ne soyez pas non plus trop emballé. Il s'agit d'une première rencontre et vous ne savez pas encore ce que l'autre personne pense vraiment de vous. Malheureusement pour ceux qui préfèrent la transparence et le direct au but, la plupart des gens aiment savoir que le cœur de l'autre n'est pas gagné d'avance et qu'ils devront partir à sa conquête et vivre pleinement le jeu de la séduction. Par contre, si la personne vous intéresse, dites-lui que vous aimeriez la revoir et n'attendez pas plus de 48 heures pour lui proposer une activité.

Dans tous les cas, évitez de vous faire des scénarios et de vous imaginer que ce n'est pas possible que l'autre soit intéressé par vous. Trop de gens sabotent une relation qui n'est même pas encore commencé par manque de confiance. Allez soyez convaincant et convaincu !

VOUS N'ÊTES PAS INTÉRESSÉ ?

Par contre, si en cours de route la personne ne vous intéresse plus alors traitez-là avec respect comme souhaiteriez qu'on agisse avec vous. Évitez ce genre de réponses : « je suis vraiment occupé ces temps-ci », « je ne suis pas prêt à m'investir », « ce n'est pas un bon moment pour moi ». Au bout du compte, pas besoin de se trouver des milliers d'excuses : vous n'êtes pas intéressé un point c'est tout !

VOUS ÊTES REJETÉ ?

Si vous êtes rejeté par quelqu'un alors concentrez-vous sur les qualités que vous êtes heureux de posséder tant pis si cette personne n'a pas su les apprécier. Dites-vous que chaque individu rencontré vous rapproche de votre âme sœur. Après chaque rencontre, demandez-vous quels sont vos apprentissages, il peut être intéressant de mettre à jour sa fiche, de la faire évoluer au fil des expériences. Il ne s'agit pas de déprimer si cela ne donne pas les résultats escomptés mais de plutôt ajuster le tir pour que la prochaine fois vous ayez plus de succès.

COMMENT TERMINER LA RENCONTRE ?

Après la rencontre que celle-ci soit positive ou non, écrivez un message de remerciement à la personne pour le temps que vous avez passé avec elle et dites-lui si vous êtes intéressé à la revoir ou si vous désirez plutôt arrêter les échanges. Finalement, si après deux jours, vous n'avez eu aucune nouvelle de la personne alors il y a de fortes chances que celle-ci ne soit pas intéressée.

 SECTION RÉSERVÉE AUX FEMMES !	SECTION RÉSERVÉE AUX HOMMES !
ELLE DIT	**IL DIT**

PETITE TRANCHE DE VIE AU FÉMININ

Cette recherche absolue des papillons. Je rencontre Marcsexy04, il me parle de sa relation avec une femme qui l'a trompé avec un policier, un facteur, un laitier. Je me demande vraiment comment il peut me confier naïvement de telles histoires. Plus il me parle et plus je sais qu'il n'y aura rien à tirer de cette relation. Il est venu me reconduire à la maison et je regrettais ma soirée. Je crois que j'aurais préféré écouter la télé plutôt que de passer deux heures en sa compagnie. Quelques jours plus tard, un courriel de sa part m'attendait dans ma boîte : «je ne crois pas que tu es intéressé mais j'ai beaucoup apprécié ma soirée».

Vanessa

SHIRLEY RÉPOND :

Svp les gars ! Évitez de raconter vos histoires malheureuses. N'oubliez pas que vous devez séduire la femme et que ce n'est pas une rencontre avec votre thérapeute. Toutefois, personne n'est à l'abri de ce genre de situation c'est pourquoi il ne faut pas tarder avant de rencontrer la personne.

PETITE TRANCHE DE VIE AU MASCULIN

Pour moi, la première rencontre, c'est comme l'entrevue de sélection : ce n'est pas l'emploi lui-même. Il ne faut pas en faire un plat !

James

MARTIN RÉPOND :

J'aime bien l'attitude du gars confiant et relaxe mais comme le dit l'expression «on a seulement une chance de faire une bonne première impression». Je vous suggère de vous mettre sur votre 36, aspergez-vous de votre huile à mouche préférée (pas trop), enfilez vos boxeurs préférés et repassez votre belle chemise !

Au niveau de l'habillement, c'est important d'être soi-même. Par contre, si vous êtes un punk rocker, optez pour un style plus «rocker» que «punk», vous augmentez vos chances d'avoir une deuxième rencontre. Dès qu'elle tombera sous votre charme, elle acceptera mieux votre style quel qu'il soit !

Dans mon cas, lors que j'ai rencontré Shirley, je me suis habillé «casual» : jeans propre, soulier correct, vieux t-shirt rock (ma petite touche rebelle

SECTION RÉSERVÉE AUX FEMMES !
ELLE DIT

SECTION RÉSERVÉE AUX HOMMES !
IL DIT

PETITE TRANCHE DE VIE AU FÉMININ

J'ai presque succombé, presque tapé ton courriel sur mon clavier. Tout était composé, la table était mise puis j'ai reculé. J'ai pesé sur la touche annule et en un instant toutes les méchancetés que je lui avais écrit, comme par magie, sont disparues dans une immense poubelle virtuelle. J'ai toujours l'impression qu'on ne peut pas me rejeter, toujours cette sensation que je suis aimable, qu'on ne peut être indifférent à mon charme. Pourtant, je n'ai jamais eu de ses nouvelles et pourtant j'avais ressenti un certain déclic mutuel mais je m'étais trompée et aujourd'hui je sais que c'était de son côté exclusivement une chimie sexuelle. Les hommes sont des chasseurs et moi, je me suis laissé prendre dans ses filets.

Annie

SHIRLEY RÉPOND :

Cette histoire nous l'avons toutes vécue. Ça fait partie du jeu, un jour c'est la femme, le lendemain c'est l'homme. Ce n'est pas parce que nous avons eu un déclic que l'autre, à ce moment-ci de sa vie, est intéressé par

quand même) et un chandail de laine. Je n'ai pas pris de chance, j'ai été plutôt passe-partout. Je suis en complet pendant la semaine et j'ai juste hâte de mettre mes running de skateboard et mon hoody. Je n'ai pas manqué de lui dire pendant notre rencontre : simplement pour gérer les attentes. Je ne suis pas un «prep» quand même !

PETITE TRANCHE DE VIE AU MASCULIN

J'ai vraiment eu un gros coup de foudre pour la fille. Un vrai canon : belle, intelligente, drôle. Je l'invite prendre un verre, puis finalement, après la deuxième bière, je décide de l'inviter à un party. Eh bien ! Elle a fini la soirée avec un autre gars.

MARTIN RÉPOND :

Outch ! ça ne m'est jamais arrivé mais j'imagine que ce n'est vraiment pas cool. C'est comme commander au restaurant et quelqu'un mange à ta place. Ce que je conseille ici, c'est de prendre cela avec des pincettes, elle n'était tout simplement pas une femme pour vous mais prenez des notes dans votre carnet de bord pour évitez que la situation se reproduise.

SECTION RÉSERVÉE AUX FEMMES !	SECTION RÉSERVÉE AUX HOMMES !
 **ELLE DIT**	**IL DIT**

nous. Toutefois, soyez alertes aux signes que les hommes nous donnent trop souvent : est-il un grand séducteur ? Cherche-t-il par tous les moyens à finir la soirée dans votre lit ? Êtes-vous, selon lui, la dernière merveille du monde, la personne la plus incroyable qu'il ait eu la chance de rencontrer ? Si avez répondu à l'une ou l'autre de ces questions, alors partez en courant !

PETITE TRANCHE DE VIE AU FÉMININ

J'ai rencontré Marc au resto. Il s'est levé pour me saluer et j'ai toute suite réalisé que je ne lui avais jamais demandé sa grandeur. En plus de mesurer 5 pieds 3 pouces, c'est-à-dire 3 pouces de moins que moi, j'avais l'impression qu'il avait vieilli de 10 ans depuis une semaine, soit le moment où il m'a envoyé sa photo. Merci Internet ! Il ne connaissait pas grand-chose, il me parlait de sa vie ennuyante et il semblait vouloir que la soirée s'éternise. Pendant deux longues heures, j'ai essayé de trouver un moyen de m'enfuir. Je suis trop gentille. Je suis restée là à l'écouter et à me demander comment j'avais pu me retrouver dans une telle situation.

La prochaine fois, attendez de vous être bien vendu et assurez-vous que vos chances sont bonnes et qu'elle flanche pour vos atouts avant de sortir avec vos amis de l'équipe de foot !

On garde le cap, la prochaine c'est la bonne !

PETITE TRANCHE DE VIE AU MASCULIN

J'ai toujours l'impression que c'est à moi à faire les efforts, à trouver des sujets de conversation, à faire des petites blagues. Les filles que je rencontre ont toujours l'air au-dessus de leurs affaires. On dirait que je suis dans une course à obstacles et la seule chose que je réussis à gagner au bout du compte c'est l'addition.

MARTIN RÉPOND :

Ce sont des situations qui peuvent arriver surtout avec des filles qui ont eu des relations plus difficiles dans le passé ou qui sont désabusées des hommes en général. Il y a aussi ce type de femmes qui recherchent la perfection et qui vous passe une entrevue de style FBI mais sans les gants blancs. Ce que je vous

SECTION RÉSERVÉE AUX FEMMES!

 **ELLE DIT**

SECTION RÉSERVÉE AUX HOMMES!

 IL DIT

Y des milliers de personne sur Internet, pourquoi faut-il que je tombe sur quelqu'un d'aussi peu intéressant ?

SHIRLEY RÉPOND :

Il faut toujours tenter de recueillir le plus d'information possible sur l'autre et demander quelques photos avant d'aller plus loin. Ensuite, il est toujours préférable de clavarder un peu et d'avoir une discussion téléphonique. Finalement, on évite la formule souper et on opte pour la rencontre de 20 minutes, pas plus ! Habituellement, si toutes ces étapes sont respectées, les chances sont plutôt minces de se retrouver avec une personne qui ne correspond pas du tout à ce que l'on recherche. Bien sûr, ça ne veut pas dire qu'on aura un coup de foudre mais au moins on pourra passer une bonne soirée !

recommande c'est d'essayer d'identifier la raison pourquoi elle agit comme cela. Une bonne stratégie est celle du ricochet, reposez-lui la question ou encore désamorcez la situation en utilisant l'humour. Finalement, s'il s'agit d'une vraie «Gère-mène» et bien partez en courant à moins que c'est ce que vous recherchez. Dans tous les cas, essayez de tirer le maximum de la situation la vie est trop courte ?

LA DEUXIÈME RENCONTRE

Vous avez envie de revoir la personne que ce soit parce que vous craquez tout simplement pour elle ou parce que vous désirez valider votre intérêt, la deuxième rencontre est tout appropriée pour faire preuve d'une plus grande originalité. C'est aussi le moment de valider à quel point les propos échangés dans le monde virtuel se vivent dans la réalité.

La personne est passionnée de sport ? Proposez une activité sportive : une randonnée en montagne, une expérience d'escalade, une balade en vélo, une journée de ski ou de snowboard.

La personne aime vivre de nouvelles expériences ? Proposez-lui d'aller voir un spectacle de musique, une exposition, un film ou vivez l'expérience d'un nouveau resto. En saison estivale, proposez une marche ou encore mieux un pique-nique dans un endroit inusité. En hiver, allez glisser en traîneau ou prenez une marche et terminez-là avec un bon chocolat chaud.

La personne adore voyager ? Proposez-lui une soirée photos-voyages. Chacun apporte un album photo d'un voyage et partage ses découvertes.

Votre conquête a un humour fou ? Proposez-lui une partie de bowling c'est toujours très rigolo, allez voir un spectacle d'humour ou un stand-up comique.

Si vous êtes toujours intéressé, je vous recommande fortement de cibler vos énergies et de cesser de continuer vos visites sur le site de rencontre. Le problème, c'est qu'il y aura toujours quelqu'un qui vous semblera peut-être plus beau, plus intellectuel, plus drôle mais à un moment donné, il faut faire un choix, l'assumer et s'investir dans la relation.

CONSEILS AUX FILLES !

Ici c'est la fille qui parle, celle parfois découragée de voir ses copines tombées sur des « bad boys ». Les hommes nous donnent une quantité phénoménale de signes. Pourtant, plusieurs préfèrent les ignorer et s'embarquent trop souvent dans des relations vouées à l'échec. Sur un site de rencontres, vous allez faire connaissance, de façon virtuelle ou réelle, avec plusieurs hommes. Soyez conscientes de ce qui vous attire et de ce qui ne vous attire pas et avant d'aller trop loin dans une relation, faites une petite introspection. Demandez-vous si vous êtes en train d'investir avec la personne à ce stade-ci de votre vie. Voici quelques exemples de signes que l'on retrouve chez certains types d'hommes.

Vous êtes complètement amoureuse d'un homme ambitieux ? Qu'est-ce l'ambition ? C'est la « volonté passionnée d'arriver à une position supérieure, d'obtenir la fortune, le pouvoir et la gloire ». Vous avez déjà compris qu'un homme ambitieux est prêt à beaucoup de concessions pour arriver à ses fins, il faudra donc accepter d'entrée de jeu que votre chéri sera bien occupé et souvent absent. Ce n'est rien de personnel ! Un homme ambitieux peut véritablement vous aimer mais a peu de temps à investir dans ses relations amoureuses. Il ne s'agit pas de fuir ce type d'hommes mais d'assumer sa décision et ne pas se mettre dans une position de victime si on doit organiser son emploi du temps seule. Qui plus est, si on cherche un homme avec qui fonder une famille, il faut être conscient que quelqu'un devra faire des concessions. Ce sera vous ou lui ?

Vous aimez les hommes manipulateurs ? À peine après quelques rencontres, il commence déjà à tenter de vous convaincre de faire des choses que vous ne désirez pas ? Il aime avoir le contrôle et trouve toujours le moyen d'avoir raison ? Certaines femmes ont le don de se retrouver avec des manipulateurs contrôlants. Plus vous serez en position d'infériorité et plus la personne profitera de la situation. Si vous décidez de continuer votre histoire d'amour, soyez au moins consciente des jeux de pouvoir et déjà votre relation risque de s'en porter mieux.

Vous tombez pour un séducteur ? Le séducteur c'est celui qui a toujours le bon mot placé sous votre jupe. En fait, il est capable de vous renverser simplement par ses beaux regards qui vous donnent l'impression qu'il ira chercher la lune pour vous. Malheureusement, c'est souvent un grand parleur et on finit toujours par apprendre au détour qu'une autre femme occupe ses pensées. Agréable pour une soirée, après, ça devient plus compliqué et dire que vous auriez juré qu'il vous aimait ?

Un macho vous fait de l'œil ? Contrairement au profil séducteur, le macho peut aimer profondément une femme, le problème c'est qu'il n'est jamais fidèle. Comment reconnaître le macho ? Il cherche à soumettre l'autre sexe à sa volonté et considère que son statut de mâle lui donne un pouvoir incontesté sur la femme. Vous craquez pour son attitude dominatrice ? Vous devrez l'avoir à l'œil ou optez pour le laissez aller. Dans tous les cas, votre vie amoureuse risque d'être forte en émotions.

Le gars trop gentil ? Vous avez eu plusieurs déceptions amoureuses ? Vous venez de terminer une relation avec un séducteur ou un macho ? Au moment où vous êtes complètement dégoûtée par l'espèce masculine, vous faites la connaissance de cet être tout simplement parfait pour lequel vous n'avez aucune chimie sexuelle. Pourtant, il est gentil, il est beau et il décrocherait la lune pour sa princesse. Après vos dernières histoires d'horreur, vous êtes persuadée que votre vie avec lui s'en portera mieux et que vous pourrez enfin vivre un amour tranquille ? Loin de moi l'idée de vous découragez à ne pas vivre une relation comme celle-ci. Bien des femmes ont passé leur vie avec ce qu'elles considéraient leur meilleur ami mais soyez tout de même consciente que de façon périodique vous serez attirée par le laitier, le facteur, le plombier et que vous serez continuellement tiraillée entre votre amour fraternel et votre passion sexuelle endormie.

CONSEILS AUX GARS !

Ici c'est le gars qui parle et qui vous présente quelques clichés de femmes. Ne vous en faites pas toute ressemblance avec des personnes existantes ou ayant existées n'est tout simplement pas le fruit de la coïncidence ! Restez quand même ouvert, on ne sait jamais, la femme de votre vie se cache peut-être derrière ces caricatures.

La femme ambitieuse ? Elle a une carrière, de l'argent, des amis, elle réussit tout ce qu'elle entreprend. Elle recherche quelqu'un mais elle ne veut rien changer à son rythme de vie. Dès le début, elle vous demande de vous ajuster à son horaire et à son agenda bien chargé. Ce type de femmes est parfait pour un homme indépendant qui aime avoir du temps pour vaquer à ses occupations. Si vous êtes vous-même ambitieux alors l'avantage c'est que vous comprenez l'autre mais si personne ne s'ajuste le risque d'incompatibilité à long terme est élevée particulièrement si vous souhaitez fonder une famille.

La dépendante affective ? Cette femme est sournoise. *A priori*, elle semblait parfaite, gentille, attentionnée, exactement ce que vous recherchiez mais peu à peu elle s'est mise à laisser tomber tous ses amis et vous êtes devenu son seul champs d'intérêt. Dès que vous avez envie de faire une activité de votre côté, elle se met maintenant à pleurer, un petit conflit se transforme en crise de larmes sans même vous en rendre compte vous êtes maintenant pris avec un fardeau sur les épaules, une merveilleuse femme qui ne vit que pour une chose : VOUS ! Dès que vous reconnaissez des signes de dépendance affective chez votre partenaire, parlez-en avant que la situation dégénère et qu'il soit trop tard. Avec amour et patience et une bonne psychothérapie, votre partenaire pourra s'en sortir et votre couple aussi.

Elle a toujours besoin de plaire ? Dès que vous l'avez vu, vous avez complètement tombé sous son charme. Elle vous a envoûté. Vous aimez son caractère fort et sa fougue. Avec elle, tout est intense et le sexe est tout simplement merveilleux. Le problème ? Elle a toujours besoin qu'on lui dise qu'elle est la plus belle, elle aime provoquer et attirer l'attention avec son physique. Au début, vous trouviez cela sexy, vous avez ensuite réalisé que son besoin de plaire ressemblait plutôt à un manque de confiance en elle et finalement, vous l'avez retrouvé au lit avec votre meilleur ami. Cette passion valait-elle le coup ? Ok, j'avoue c'est un scénario fataliste mais il faut quand même être vigilent lorsqu'on rencontre une femme « désir de plaire».

Elle est une «Gère-men» contrôlante ? Ne me dites pas que vous n'aviez pas constaté que la madame aime contrôler votre vie. Dès le début de la relation, elle vous appelle plusieurs fois par jour pour savoir ce que vous faites, elle organise vos soirées et vos week-ends, elle fait son territoire dans vos appartements et vous l'avez même surprise en train de lire vos courriels. Vous aimez les femmes intempestive qui déplacent de l'air mais vous avez laissé votre ex-copine parce qu'elle vous étouffait. Attention, il y a un risque que le scénario se répète. Établissez clairement et rapidement vos limites.

Comme on peut le constater, il n'y pas de mauvaise relation mais nous avons souvent tendance à reproduire les mêmes patterns et à nous retrouver avec les mêmes types de personne. Il est donc important de faire une introspection lorsqu'on commence à fréquenter quelqu'un afin de ne pas plonger dans une relation qui très rapidement vous blessera et vous rendra malheureux. Aucune relation n'offre une garantie de pérennité mais tentons au moins de mettre toutes les chances de son côté. Il faut non seulement dire : «Moi aussi j'ai rencontré sur Internet» mais surtout «J'ai rencontré quelqu'un avec qui je suis bien»!

SECTION RÉSERVÉE AUX FEMMES !

ELLE DIT

SECTION RÉSERVÉE AUX HOMMES !

IL DIT

PETITE TRANCHE DE VIE AU FÉMININ

Je me demande pourquoi il continue d'aller sur le site de rencontre alors qu'on se fréquente depuis déjà quelques semaines.

Claudia

SHIRLEY RÉPOND :

Je ne crois pas qu'on doit s'inquiéter si notre partenaire continue d'aller sur le site de rencontre du moins pas dans les premiers temps. En fait, pour plusieurs, le site fait partie d'une certaine routine de vie. Par contre, si on est mal à l'aise avec cette situation alors il est préférable d'en parler ouvertement à son partenaire.

Pour ma part, Martin était le directeur de RéseauContact et sa vie tournait autour du site de rencontre, je me suis donc sacrifiée pour le bien de la cause amoureuse ! Encore aujourd'hui, je sais qu'il y retourne quelques fois comme on prend un café l'été sur une terrasse en regardant les gens passés, pour observer la vie du RéseauContact.

PETITE TRANCHE DE VIE AU MASCULIN

Dès la deuxième rencontre, j'opte pour une activité sportive ou de plein air. Comme ça, je peux constater tout de suite si elle aime «vraiment» le plein air et si elle est «vraiment» active. Je trouve que c'est une façon agréable d'apprendre à se connaître et puis même si ça ne clique pas avec la personne, je n'ai jamais l'impression d'avoir perdu mon temps.

MARTIN RÉPOND :

S'il y a «vraiment» une passion qui vous tient à cœur alors il faut «vraiment» la partager avec votre future flamme. N'hésitez pas à valider si les promenades en montagnes inscrites sur sa fiche sont de vraies randonnées et pas simplement une marche sur le Mont Royal ou une montée du Relais à l'automne 98. Sans quoi, vous allez trouver le temps long aux Adirondacks l'automne prochain avec votre petite princesse. De mon côté, le snowboard et les voyages en mode Back pack sont de vraies passions alors dès la 3e rencontre, j'ai validé qu'elle aimait vraiment le

SECTION RÉSERVÉE AUX FEMMES !	SECTION RÉSERVÉE AUX HOMMES !
♀ **ELLE DIT**	♂ **IL DIT**
	snowboard et 2 mois plus tard nous étions sur les plages de Sayulita au Mexique pour une aventure de surf. Avec Chely ce fût mission accomplie ! Cependant, ce ne fût pas le cas pour toutes mes rencontres, je suis resté bête quand une aspirante est arrivée avec une grosse valise à roulette pour un road trip de 2 jours incluant camping sauvage !

L'AVENIR DES SITES DE RENCONTRE

1990	1994	1999	2004	2009
MUDs	IRC	Sites de rencontre	Réseaux sociaux	?

Si vous êtes rendu à cette section du livre alors le sujet vous stimule et en théorie vous avez eu quelques rencontres intéressantes. À cette étape-ci, c'est Martin, le gars qui a géré reseaucontact.com qui prend les commandes du clavier afin d'émettre quelques idées des tendances que vous verrez peut être sur votre écran d'ordinateur les prochaines années. Ce n'est pas simple de jouer au prophète surtout avec l'évolution fascinante des technologies depuis les 2 dernières années; réseaux sociaux, intégration des plateformes, émergence du mobile, vidéos, web TV, portabilité des données et j'en passe.

Mon analyse débute toujours du besoin des utilisateurs, c'est-à-dire vous, moi et nous et de l'évolution de nos comportements. J'observe les grandes tendances de la société et les changements de comportement de certains groupes, par exemple, l'arrivée en masse des baby boomers sur Internet et sur les sites de rencontres. Par la suite, j'examine les grandes poussés technologiques et les tendances émergentes, par exemple, la pénétration incroyable de la mobilité qui s'applique presqu'à tous les groupes.

Le but de l'analyse est de mettre l'être humain au centre des développements technologiques; et ici on parle de son désir de briser la solitude et de rencontrer l'âme soeur, une aventure ou l'amitié.

Premières grandes tendances : **les plateformes mobiles** seront de plus en plus présentes. D'un part, le besoin est de plus en plus grand pour la rencontre instantanée et d'autre part, les gens passent de plus en plus de temps sur leur cellulaire, lui-même de plus en plus intelligent et presque aussi puissant que l'ordinateur portable. Cette tendance est marquée au niveau des jeunes qui sont déjà très à l'aise avec ces technologies. D'autre part, la population en général commence à s'approprier les fonctionnalités offertes par leur cellulaire que ce soit l'envoi de SMS (message texte) ou l'utilisation de la géo-localisation (GPS) mais c'est loin d'être terminé.

Ces avancées technologiques nous permettent de répondre à plusieurs besoins dont celui d'intégrer la rencontre à notre routine de vie. En tout temps, vous allez pouvoir répondre à vos messages, consulter des fiches et «chatter» avec les membres disponibles sur votre téléphone. Quel est l'avantage? Intégrer la rencontre à vos activités. Imaginez, vous désirez faire une sortie au cinéma, vous recevez une alerte d'une personne qui veut elle aussi voir le même film que vous et non seulement elle correspond à vos critères et vous aux siens mais elle habite à 10 minutes de votre point de rencontre. Un autre exemple? Vous êtes dans un bar et votre téléphone vibre lorsque vous croisez un membre qui est compatible avec vous et qui est célibataire. Ça semble tiré de la science fiction? Dites-vous que les technologies sont prêtes et même utilisées en partie en Asie et en Europe. Soyez assuré que le mobile sera au cœur des futurs développements de tous les grands sites de rencontres.

Une autre tendance très marquée depuis quelques années : **les réseaux sociaux**. Selon moi, les sites de rencontres devront prendre un virage et considérer l'intégration de leurs applications ou la création de synergie avec des sites comme Facebook. Il y a plusieurs raisons qui expliquent ce phénomène. Premièrement, avoir tous ses proches accessibles virtuellement aide les gens à valider leurs choix et à les mettre en relation avec l'ami d'un ami ou un collègue. Deuxièmement, il est intéressant de savoir quels sont nos amis qui partagent les mêmes passions que nous. Toutefois, **l'un des défis sera la gestion des identités**. En effet, les gens sur les sites de rencontres ne veulent pas nécessairement que leurs prospects voient d'un coup d'œil **leur vie réelle** telle qu'on la retrouve sur Facebook. Le **facteur d'anonymat** reste quand même à considérer dans un environnement de rencontres car les gens ont tendance à embellir leur vie virtuelle et préfère apprendre à connaître l'autre étape par étape.

Le réseau social demeure tout de même une tendance très forte et la plus intéressante quant aux stratégies à moyen terme des sites de rencontres. Selon Marc Boilard (www.monclasseur.com), un site comme Facebook a permis de démocratiser la socialisation sur Internet, ce qui était réservé à une portion de la population s'est élargie de façon considérable. De plus en plus les gens trouvent normal de faire des rencontres sur Internet, ce n'est plus seulement réservé aux jeunes ou aux professionnels mais bien à monsieur et madame tout le monde.

De mon côté, je crois que l'expérience Web tournera autour de l'identité virtuelle et des contenus, et ceux-ci seront de plus en plus transférables entre sites. Ainsi, les sites de rencontres pourront sortir de leur carcan « rencontre » et offrir une expérience axée sur les passions des gens célibataires. Imaginez, vous regardez les photos de voyages d'un membre de la communauté « Voyages » et vous trouvez celles-ci merveilleuses, ensuite, vous jetez un coup d'œil sur ses interactions avec les autres membres de la communauté et vous êtes impressionné par ses qualités d'écrivain et ses commentaires intelligents sur la politique et la vie en général. Si vous avez payé pour le service de rencontre alors instantanément un code de couleur indiquera l'état de cette personne et son degré de compatibilité avec vous. L'objectif est que la rencontre soit intégrée à votre vie et basée sur vos passions. Cette solution est à mon avis la plus humaine, la plus collée sur le besoin et celle qui crée le plus de valeur et de romantisme virtuelle. Le flirt peut avoir lieu dans vos environnements d'information habituels : vous draguez tout en navigant sur vos sites préférés.

Depuis la dernière année, plusieurs sites proposent un modèle de « speed dating » par webcam. L'idée est intéressante mais il s'agit selon moi d'un service complémentaire à l'offre plus globale d'un site de rencontre. Vous pouvez visiter Woome (www.woome.com) et speed date (www.speeddate.com) pour tenter l'expérience. Il est intéressant de mentionner que ces modèles sont maintenant possibles grâce à la baisse des coûts de la bande passante.

Pour ce qui est du futur de la rencontre, on voit l'émergence d'un modèle où les célibataires utilisent des avatars (identité virtuelle) pour se courtiser dans un environnement complètement virtuel comme SECOND LIFE ou par l'entremise de jeux virtuels[4] . Pour ma part, je ne crois pas que ce sera une tendance populaire au Québec puisque les gens sont davantage portés vers les rencontres en temps réel et l'amélioration rapide de leur vie grâce à la technologie. Je crois beaucoup plus aux applications qui permettront de facilement planifier des rencontres ou des activités que de longues discussions dans un monde complètement virtuel.

À court terme, les grands joueurs de la rencontre tenteront de segmenter leur marché et leur approche en ayant une version de leur site qui cible des segments précis : les gais et lesbiennes, les sportifs, les amateurs de chien et tout le bataclan. Les sites attireront donc des groupes de plus ciblés et ce, sur différentes plateformes. Cette stratégie est tout à fait normale lorsqu'un marché est de plus en plus saturé et que les modèles existants sont en transformation.

Comme vous l'avez constaté, le futur nous amènera certainement beaucoup de surprises et d'innovation, ce qui ne veut pas nécessairement dire que rencontrer l'âme sœur sera plus facile. Il ne faut pas oublier que la technologie est un facilitateur mais la réussite est entre vos mains. Comme nous l'avons mentionné tout au long de ce livre, croyez en vous, laissez vos préjugés de côté, soyez ouvert et vivez l'expérience à fond. Si vous avez bien suivi tous les conseils vous avez sûrement déjà trouvé ce que vous recherchiez et vous pouvez maintenant dire fièrement « j'ai rencontrés sur Internet ».

[4] Voir : www.techcrunch.com/2008/09/20/webkare-a-girls-only-combination-of-social-network-and-dating-game-from-japan/

QUESTIONS-RÉPONSES

Voici quelques questions qui nous ont été posées lors de nos entretiens avec des célibataires.

EST-CE QUE LES SITES DE RENCONTRES SONT SÉCURITAIRES ?

Internet est un lieu de rencontres comme un autre. Il est important d'agir avec la même prudence que dans notre vie de tous les jours. Avant de rencontrer un homme, il faut avoir vu une ou plusieurs photos de lui, avoir échangé quelques courriels et lui avoir parlé au téléphone. Ensuite, la première rencontre devrait toujours avoir lieu dans un endroit public et vous devriez aviser une personne de votre entourage avant de vous rendre à cet endroit. Finalement, les sites de rencontres sérieux offrent un service de modération et de signalement des membres qui ont un comportement incorrect.

Nous avons demandé à Julie Pelletier (<u>www.juliepelletiersexologue.com</u>) sexologue de répondre à ces trois questions :

- ### EST-CE QUE C'EST SAIN DE RENCONTRER SUR INTERNET ?
  ### Y A-T-IL UN PROFIL DE PERSONNES QUI FRÉQUENTENT LES SITES ?

Selon moi, en matière de rencontre, ce qui est important c'est de s'ouvrir aux autres en toute authenticité et en toute sincérité. La rencontre Internet est tout aussi valable que d'autres moyens. Toutefois, je pense que son efficacité est limitée dans la mesure où le contact réel est nécessaire afin de poursuivre la découverte de soi à travers l'autre. Je vois la rencontre Internet comme un excellent moyen d'amorcer et de créer des contacts mais sa durée de vie ne doit pas s'étirer : à un moment donné, il faut plonger et rencontrer réellement la personne pour aller de l'avant.

- ## COMMENT LA RENCONTRE EN LIGNE PEUT-ELLE INFLUENCER LE DÉSIR, L'ESTIME DE SOI ET LA COMMUNICATION ?

En termes de désir, elle permet peut-être de prolonger l'excitation, dans la mesure où une rencontre éventuelle provoque quelques papillons dans le ventre ; on connaît certains aspects de la personne ce qui permet de cultiver un désir et ensuite vient le désir de rencontre réelle.

En ce qui a trait à l'estime de soi, elle représente la capacité d'un individu à se regarder et à s'observer de façon positive, à être fier de lui (ou d'elle) et à assumer le fait qu'il ou elle a des choses à améliorer. Une bonne estime de soi permet donc de faire face à la vie. Je pense que les rencontres en ligne pour ceux et celles qui n'ont pas confiance en eux ou qui ont une faible estime d'eux-mêmes, risquent de provoquer le même effet que les rencontres réelles, à la différence que la crainte se surmonte peut-être plus facilement lorsqu'on est derrière un écran d'ordinateur. Il y a toutefois l'effet pervers de cette prétendue protection : s'enliser dans ce monde et se couper de l'extérieur, ce qui est facile pour les gens souffrants. Par contre, les individus équilibrés trouveront sans doute l'expérience fort enrichissante.

Finalement, la communication par écrit peut avoir des impacts positifs dans l'apprentissage et la découverte de l'autre. Les gens prennent davantage de temps pour écrire, ce qui leur permet d'être plus en contact avec eux-mêmes. Ce qui est, à mon sens, un point extrêmement positif. Le seul bémol que j'y apporte c'est que la vraie vie doit absolument prendre son envol pour que la relation soit complète. Les rencontres en ligne permettent une ouverture en matière de communication, mais celles-ci doivent aller de l'avant.

- PEUT-ON DÉVELOPPER UNE DÉPENDANCE À LA RENCONTRE EN LIGNE ? EST-CE QU'INTERNET PEUT BRISER UN COUPLE ?

Il y a toujours possibilités de dépendance. L'aspect anonyme peut être utilisé afin de tromper ou de dissimuler une vérité. Les gens qui vivent des problèmes et qui sont vulnérables risquent davantage de sombrer et de se créer un piège. Les gens équilibrés fréquenteront un site de rencontre pour des raisons précises et, une fois le but atteint, n'auront pas de difficulté à ne pas y retourner. Pour briser un couple, il faut que celui-ci ait des faiblesses. Que ce soit Internet ou la belle secrétaire au bureau, le problème n'est pas là. Il se trouve ailleurs, c'est-à-dire au sein du couple que ce soit le manque de communication, manque d'honnêteté par rapport aux sentiments éprouvés, manque d'expression des besoins ou le manque d'écoute.

POURQUOI DÉCIDE-T-ON D'UTILISER DES SERVICES D'UN COACH EN SÉDUCTION ?

Marie-France Archibald (www.coachseduction.com) mentionne que les hommes souhaitent apprendre à approcher la femme, à se faire confiance dans la façon de les aborder alors que les femmes manquent souvent de confiance en leur pouvoir de séduction, elles ne se trouvent pas assez belles ou désirables et elle veulent apprendre à attirer les hommes vers elles. Les hommes et les femmes ne se comprennent pas toujours mais au moins ils sont cohérents : l'homme veut apprendre à aller vers la femme et la femme souhaite attirer l'homme vers elle !

QUEL EST L'AVANTAGE DE PAYER UN ABONNEMENT À UN SITE DE RENCONTRES ?

Certains sites de rencontres offrent des services à valeur ajoutée à leurs membres payants comme le service de vidéorencontre ou encore la possibilité d'envoyer des messages personnalisés ou de connaître les membres qui ont consulté notre fiche.

COMMENT AUGMENTER LE NOMBRE DE MESSAGES REÇUS ?

Une belle photo de vous récente, bien cadrée et dans un environnement invitant augmente de 50 % vos chances de recevoir des messages. Ensuite, une fiche qui rock et qui se démarque de celles des autres.

COMMENT DÉCELER UN CROSSEUR ?

Selon Marc Boilard (www.monclasseur.com), les femmes s'attardent souvent aux mots et aux beaux discours et ne font pas assez attention aux signes que les hommes nous lancent. Si le gars ne vous appelle pas, ne retourne pas vos appels et est peu disponible, les chances sont fortes qu'il ne soit pas intéressé par vous.

EST-CE QUE LES GENS MENTENT SUR INTERNET ?

Plusieurs études démontrent que l'être humain a tendance à transmettre une meilleure image de lui-même sur Internet. Ainsi, s'il a l'intention d'arrêter de fumer, il indiquera qu'il est non fumeur; s'il désire faire plus de sport, il s'affichera comme un grand sportif. Dans tous les cas, on peut poser des questions à notre interlocuteur pour en apprendre plus sur lui, faire une recherche par Google, vérifier si notre entourage le connaît. Sans être naïf, il faut tout de même faire confiance à l'autre, car ce n'est pas en doutant de lui que nous pourrons bâtir une relation.

QUI PAIE LA FACTURE LORS DE LA PREMIÈRE RENCONTRE ?

Lors de la première rencontre, il est normal que chacun paie son addition. Il ne faut surtout pas s'attendre à ce que l'homme prenne la facture.

EST-CE QU'UNE PERSONNE QUI LIT SEULEMENT SES COURRIELS LE SOIR EST MOINS SÉRIEUSE QU'UNE AUTRE ?

Peut-être que cette personne a tout simplement moins de temps, et ce manque de temps peut effectivement être un indicateur de son niveau d'intérêt à rencontrer quelqu'un. À l'opposé, il y a des gens qui passent plusieurs heures par jour sur les réseaux de rencontres sans que cela signifie qu'ils sont plus sérieux dans leur démarche. Tout est dans l'équilibre. La recherche d'un partenaire sur un réseau de rencontres en ligne doit être intégrée le plus possible à votre quotidien en trouvant des moments qui sont appropriés pour vous.

EST-CE QUE J'AI PLUS DE CHANCES DE RENCONTRER EN HIVER QU'EN ÉTÉ ?

On constate effectivement des tendances. Par exemple, il y a des périodes de l'année où il y a une hausse de l'achalandage des sites de rencontres : en début d'année, les gens prennent comme résolution de rencontrer quelqu'un; avant la St-Valentin; les gens se disent qu' à deux c'est beaucoup mieux; au printemps, l'éveil de la nature nous incite à flirter; et à l'automne, les journées pluvieuses sont des moments privilégiés pour tenter de dénicher la perle rare alors que la température nous fait déprimer.

VOUS AVEZ D'AUTRES QUESTIONS ?

Nous vous invitons à les poser et à partager vos histoires de succès, vos trucs, vos astuces et vos aventures cocasses sur le site officiel du livre *J'ai rencontré l'âme sœur sur Internet* : www.jairencontresurinternet.com.

Le but est de créer un environnement de discussion et de partage entre les gens qui veulent tenter leur chance sur Internet, ceux qui sont en processus et d'autres encore qui ont trouvé l'amour. Vous y découvrirez tout ce qu'il vous faut pour vivre une expérience simple, agréable et sécuritaire.

LISTE DE VÉRIFICATION POUR UNE RENCONTRE PARFAITE

ÉTAPES POUR RÉUSSIR À RENCONTRER   COCHEZ

Je sais ce que je recherche et quel est mon profil d'homme ou de femme ☐

J'ai choisi une belle photo de moi, cadrée, récente et fidèle à ce que je suis ☐

J'ai choisi un pseudo qui me représente bien ☐

J'ai écrit ma « tagline» : 7 mots qui me décrivent parfaitement ☐

J'ai préparé un court texte AIDA : Attirant, qui suscite l'Intérêt, le Désir et qui amène à l'Action ☐

Je me suis assurée qu'il n'y a pas de faute d'orthographe sur ma fiche ☐

J'ai préparé quelques messages originaux pour être plus efficace dans mes communications ☐

J'ai établi mes critères de recherche ☐

J'ai un journal de bord dans lequel je commente mon expérience ☐

Avant d'amorcer mes échanges, j'ai vu quelques photos de la personne ☐

Avant de rencontrer, j'ai échangé quelques courriels et je trouve la communication intéressante ☐

Avant la rencontre, je me prépare, je pense à deux-trois questions et je relis la fiche de l'autre ☐

Pendant la rencontre, j'écoute, je reste ouvert et je pose des questions pertinentes ☐

Pendant la rencontre, je reste naturel et authentique ☐

Après chaque rencontre, je remercie l'autre même si je ne suis pas intéressé ☐

Si la personne ne m'intéresse pas, je lui dis poliment et je ne cherche pas des milliers d'excuses ☐

Si je perçois que je n'attire pas les bonnes personnes, je révise ma fiche ☐

Si la personne m'intéresse, je valide ses passions dans les prochaines rencontres ☐

Si je poursuis la relation, j'accepte l'autre et je n'ai pas dans la tête de le changer ☐

Je souris et je dis : «moi aussi j'ai rencontré sur Internet !» ☐

Je viens raconter mon expérience sur le site www.jairencontresurInternet.com ☐

JOURNAL DE BORD

JOURNAL DE BORD

Nous vous recommandons de prendre des notes dans le but de simplifier les suivis et de garder un historique de vos aventures. C'est souvent de drôles d'histoires à raconter et en plus c'est intéressant de relire le tout lorsqu'on est en amour !

EXEMPLE 1 :

NOM	Joëlle
PSEUDO	Josnow
COORDONNÉS	joelle@hotmail.com No téléphone : xxx-xxx-xxxx
DATE DE LA 1RE RENCONTRE	22 juillet
NOTES	J'aime bien Joëlle, elle est drôle, sportive, elle a un body de l'enfer mais elle parle beaucoup de son ex je crois qu'elle est encore un peu accrochée. Ils se sont laissés il y a seulement 3 mois.
STATUT	Ok pour une 2e rencontre
DATE DE LA 2^E RENCONTRE	27 juillet
NOTES	Finalement, je ne trippe pas. Elle parle tout le temps pis ça m'énerve.
STATUT	Fin

EXEMPLE 2 :

NOM	Jimmy
PSEUDO	Jimmylepoete
COORDONNÉS	jimmy@hotmail.com No téléphone : xxx-xxx-xxxx
DATE DE LA 1RE RENCONTRE	5 septembre
NOTES	Il est cute je lui donne un 7/10, il est très gentil, il aime voyager comme moi mais est sans le sou et fait des petites jobines depuis deux ans. Franchement, je suis à un stade de ma vie ou la situation financière est quand même importante. J'abandonne. La prochaine fois je vais poser des questions sur le style de vie de la personne.
STATUT	Pas de 2e rencontre

EXEMPLE 3 :

NOM	François
PSEUDO	Franksportif
COORDONNÉES	frank@hotmail.com No téléphone : xxx-xxx-xxxx
DATE DE LA 1RE RENCONTRE	3 décembre
NOTES	Je viens de me faire avoir royalement. Le gars se dit grand sportif et il a une bedaine. Wow ! On a plus les sportifs qu'on avait. Prochaine fois, je demande plus d'une photo.
STATUT	Pas de 2e rencontre

EXEMPLE 4 :

NOM	Juliette
PSEUDO	July
COORDONNÉES	juliette@hotmail.com No téléphone : xxx-xxx-xxxx
DATE DE LA 1RE RENCONTRE	3 mars
NOTES	Elle est belle, vraiment à mon goût. J'aimerais la revoir. Elle est exactement ce que je recherche. Je lui ai dit que je suis tombé sous son charme. Elle a ri.
DATE DE LA 2^E RENCONTRE	5 mars
NOTES	J'ai passé une autre belle soirée. Je crois que c'est la bonne. Je lui ai écrit un courriel pour lui dire que je la trouve formidable.
STATUT	Je suis rejeté. Merde ! Elle m'a dit qu'elle n'est pas intéressée, je ne suis pas son genre. Dire que je n'ai rien vu.

DES LIENS UTILES :

Le site officiel de Comment rencontrer l'âme sœur sur internet : www.jairencontresurinternet.com

RéseauContact : www.reseaucontact.com

Mon classeur : www.monclasseur.com

NetClub : www.netclub.ca

Québec Rencontre : www.quebecrencontre.com

Lavalife : www.lavalife.com

Meetic : www.meetic.com

PlentyofFish : www.plentyoffish.com

eHarmony : www.eHarmony.com

True : www.true.com

Chemistry : www.chemistry.com

Facebook : www.facebook.com

MySpace : www.myspace.com

Espace Canoë : www.espacecanoe.com

MonLip.com : www.monlip.com

CONSEILS POUR DRAGUER

Conseils de Danielle Parent : www.dparent.reseaucontact.com

Conseils de Marie-France Archibal : www.Coachseduction.com

Conseils en vidéo de Marc Boilard : www.youtube.com/tvmc

REMERCIEMENTS

Nous aimerions remercier tous les experts qui ont collaboré au livre : Danièle Parent, Mathieu Laberge, Julie Pelletier, Marc Boilard, Marie-France Archambault. Merci à l'équipe de reseaucontact.com et de Canoë pour leur soutien : Simon Rivard, Nathalie Jacob, Marie-Claude Massie et Bruno Leclaire pour sa confiance. Merci à Marc-André Audet, notre éditeur, qui a eu cette bonne idée et à son équipe. Merci à nos amis, à nos familles et à tous ceux qui ont participé de près ou de loin à ce livre.

Pour terminer, nous remercions les célibataires qui nous font confiance en se procurant ce livre. Nous vous souhaitons sincèrement bonne chance dans votre démarche. Et n'oubliez pas : croyez en vous, laissez vos préjugés de côté, soyez ouvert et vivez l'expérience à fond… À votre succès!

Voici un code promo offert gracieusement par RéseauContact (www.reseaucontact.com). Vous aurez un abonnement Privilège pour une durée de 5 jours. Allez-y, osez !

Votre code promo RéseauContact : HWPKNE

Transcontinental
IMPRESSION
IMPRIMERIE GAGNÉ